企业经营创新创业实训教程

主　编 ◎ 张晓翊
副主编 ◎ 刘念云　叶　姗　高　扬

华中科技大学出版社
http://press.hust.edu.cn
中国·武汉

内容提要

《企业经营创新创业实训教程》是面向临近毕业的高校经管类学生进行跨专业虚拟仿真实训而编写的教材。全书共13章,包括课程概述、初创企业设立、制造及商贸类企业核心岗位实训、商业服务类企业岗位实训、政务类组织机构岗位实训、电子沙盘模拟经营等内容。本教材以"任务驱动"为抓手,以"产生实效"为归宿,强调实操性、实务性和实用性,强调理论与实践的统一,具有跨学科融合、实践导向、团队合作、创新思维和实时更新等特点和特色。

本书可作为应用型本科或高职高专经管类跨专业实训类课程的配套教材,也可用于企业岗位培训。

图书在版编目(CIP)数据

企业经营创新创业实训教程/张晓翊主编.—武汉:华中科技大学出版社,2023.8
ISBN 978-7-5680-9799-4

Ⅰ.①企… Ⅱ.①张… Ⅲ.①企业经营管理-教材 Ⅳ.①F272.3

中国国家版本馆CIP数据核字(2023)第160696号

企业经营创新创业实训教程 张晓翊 主编
Qiye Jingying Chuangxin Chuangye Shixun Jiaocheng

策划编辑:周晓方 宋 焱
责任编辑:张汇娟 宋 焱
封面设计:廖亚萍
责任监印:周治超

出版发行:华中科技大学出版社(中国·武汉) 电话:(027)81321913
武汉市东湖新技术开发区华工科技园 邮编:430223
录 排:华中科技大学出版社美编室
印 刷:武汉市洪林印务有限公司
开 本:787mm×1092mm 1/16
印 张:14.25
字 数:323千字
版 次:2023年8月第1版第1次印刷
定 价:49.80元

本书若有印装质量问题,请向出版社营销中心调换
全国免费服务热线:400-6679-118 竭诚为您服务
版权所有 侵权必究

应用型本科高校 "十四五"规划工商管理类专业实验实训数字化精品教材

编委会

顾 问

潘 敏

主任委员

张捍萍

副主任委员

黄其新　　王 超　　汪朝阳

委 员（以姓氏拼音为序）

何 静　　李 燕　　刘 勋
肖华东　　邹 蔚

主 编 简 介

张晓翊

女,江汉大学商学院副教授,博士。主要担任"企业资源计划""企业模拟经营""企业经营创新创业实训"等课程的教学,发表论文20余篇,编写教材1部。2017年曾被评为湖北省优秀实验教师,指导过"全国大学生工程实践与创新大赛企业运营仿真赛项""全国大学生市场调查大赛""用友杯ERP沙盘大赛"等多项赛事,多次获得国家级、省级奖项。

在新经济的背景下,社会对经管类专业的学生提出了更高的要求。学生不仅要精通本专业知识,具备胜任本专业所对应岗位与岗位群的工作所需要的能力,还需要具备从事相近、相关专业所对应岗位与岗位群的工作所需要的能力。为了顺应这一需求,各高校纷纷进行实验实践教学改革,整合教学资源,搭建跨学科、跨专业的高度融合的教学平台,设计具有挑战性、自主性的课程内容体系,为学生提供更高质量的学习经历,力求将学生培养成有思想、有能力、有担当、实践能力强的复合型人才。

企业经营创新创业实训通过跨专业实训平台在校园中搭建虚拟仿真商业社会环境,全面模拟企业真实业务和工作情境,以生产制造公司和贸易公司为主体企业,以政府组织和其他服务机构为外部机构,学生自主经营管理,并展开市场化竞争。通过仿真环境下的多学科专业融合、多岗位部门协同、多业务流程,学生可以全方位、多视角地综合体验企业经营过程,锻炼学生在企业业务流程、专业技能、管理规范等方面的实践能力,提升团队合作、创新和竞争等综合素养。

企业经营创新创业实训面向临近毕业的本科学生群体开设,为学生提供顶峰体验,从而作为本科教育的终结和高潮。该课程具有以下特征:全纳性、针对性、实践性、合作性和发展性。所有学生参与其中,在课程中发挥自己的作用,可以根据自身的情况和条件,选择适合自己的岗位。企业经营创新创业实训是项目(任务)驱动的,教师通过创设情境,为学生提供虚拟或真实的问题。在解决问题的过程中,学生在已有的知识和能力储备的基础上建构新的知识和能力,发展自己。本课程还强调合作,包括学生和学生之间的合作、学生和教师之间的合作,从而帮助学生建立社会化情感。学生在实训中能以独立思考的精神去面对劣构问题,成为一个问题解决者和学会学习的人,成为一个批判性思维工作者和终身学习者,最终成为一个可持续发展的人。

本书共13章。第1章为课程概述,介绍了课程的教学目标、实训平台的构成、教学组织和课时安排。第2章为"初创企业",包括团队组建和企业注册等知识点。第3章至第13章面向实训中涉及的核心职能岗位和机构,每章由"业务概述"和"实训任务"两大模块组成,其中"业务概述"部分主要介绍实训项目所涉及的理论知识,"实训任务"是学生在实训中应完成的任务。本书为实训任务所需表格建立了数字化教学资源,可通过扫二维码获得表格的电子版。本书可用于经管类专业校内仿真实习,也可用于创业教育和创业培训。

本书由江汉大学张晓翊担任主编,刘念云、叶姗、高扬担任副主编。具体编写分工如下:第1章张晓翊,第2章高扬,第3章、第4章、第5章张晓翊,第6章叶姗,第7章刘念云,第8章高扬,第9章、第10章叶姗,第11章张晓翊,第12章、第13章刘念云。

由于编者水平有限,书中疏漏之处在所难免,敬请读者批评指正。

本书编写组

2023 年 3 月

目录

第1章 企业经营创新创业实训课程概述 /1
1.1 企业经营创新创业实训教学目标和内容 /1
1.2 企业经营创新创业实训平台及模拟机构设置 /3
1.3 企业经营创新创业实训流程 /6

第2章 初创企业 /9
2.1 业务概述 /9
2.2 实训任务 /20

第3章 销售管理岗位实训 /24
3.1 业务概述 /24
3.2 实训任务 /39

第4章 生产管理岗位实训 /45
4.1 业务概述 /45
4.2 实训任务 /55

第5章 采购管理岗位实训 /59
5.1 业务概述 /59
5.2 实训任务 /75

第6章 会计与财务管理岗位实训 /80
6.1 业务概述 /80
6.2 实训任务 /101

第7章 物流中心 /107
7.1 业务概述 /107
7.2 实训任务 /125

第8章 商业银行 /129
8.1 业务概述 /129
8.2 实训任务 /141

第9章 会计师事务所 /147
9.1 业务概述 /147
9.2 实训任务 /162

第10章 招投标中心 /168
10.1 业务概述 /168
10.2 实训任务 /175

第11章 市场监督管理局 /181
11.1 业务概述 /181
11.2 实训任务 /189

第12章 税务局 /194
12.1 业务概述 /194
12.2 实训任务 /200

第13章 新媒体中心 /204
13.1 业务概述 /204
13.2 实训任务 /213

参考文献 /216

第 1 章 企业经营创新创业实训课程概述

学习目标

1. 了解课程学习目标；
2. 了解课程学习内容；
3. 了解课程的教学组织方式；
4. 了解课程的学习方法和考核方式。

重点、难点

课程组织方式、情境体验、角色扮演。

1.1 企业经营创新创业实训教学目标和内容

实训教学是高等教育教学体系的重要组成部分，是巩固理论知识、加深对理论知识的认识的重要途径，是培养学生实践能力和创新意识、实现社会所需的专业人才培养目标的重要环节。企业经营创新创业实训是一项校内仿真实习活动，力图运用实验的手段和方法构建与现实社会空间接近的实验空间，打破原有的专业边界、学科边界、学校与社会的边界，实现"理论教学与实验、实践教学"相融合，解决经管类专业毕业实习"虚化"的问题，有效提升人才培养质量。

1. 实训目标

① 了解企业内外部组织管理流程、业务流程及各组织间的关系。
② 运用专业理论知识解决虚拟仿真场景下的真实企业管理与运营问题。
③ 根据组织岗位任务完成相应的工作,提升专业技能水平。
④ 提高文字处理能力、数据处理能力、思维导图等办公软件的应用能力。
⑤ 提升团队协作、创新思维等通用职业素养。

2. 实训内容

① 体验与认知商业经济环境。

企业经营创新创业实训依托专业的实训软件,构建了虚拟仿真的商业运营环境。商业运营环境分为核心企业和外部服务机构两大部分。核心企业由若干家属于同一行业的制造企业和贸易企业组成。外部服务机构包括工商局、税务局、银行、会计师事务所、物流公司、招投标公司、新媒体中心等。其中:制造企业研发及生产产品,并将产品销售给贸易企业;贸易企业将从制造企业购买的产品销售给市场;外部服务机构的主要工作是为企业提供注册登记、税务申报、银行转账、贷款、审计、物流、招投标等服务。在核心企业中设置企管部、采购部、生产部、市场部、销售部、财务部等部门。在外部服务机构中根据服务机构工作性质设置相关内部机构。学生通过自主选择某一具体工作岗位,在虚拟仿真环境中完成岗位职责,同时与不同机构进行交互,产生"沉浸"于真实环境的感受和体验,从而获得关于商业经济环境的认知。

② 企业营运及管理能力训练。

企业经营创新创业实训平台设置了12~16家同一行业的制造企业和3~5家贸易企业,各类型企业间是既竞争又合作的关系。每种类型的企业获得的初始经营条件和资源完全一致,但在后续的实训过程中,各学生团队需要自主制订各自企业的战略规划,选择不同的厂区,兴建不同类型和数量的生产线,确定产品研发路线。各学生团队需要建构合理的组织架构,进行岗位职能分工和协作,优化企业业务流程,制订销售计划、生产计划和采购计划,最大化利用已有资本,平衡现金的流入、流出,同时还要考虑模拟企业之间的竞争,力争实现股东利益最大化。

③ 任务驱动下的专业技能训练。

在企业经营创新创业实训课程中,学生需自主选择某一具体岗位,并完成该岗位的职责和工作内容。实训中,为各企业或组织设计的岗位任务近200项。以制造企业为例,CEO和财务总监负责牵头制订企业的战略规划,绘制企业战略地图,并要求运用平衡计分卡工具对战略的执行情况进行评价和管理,同时财务总监还需进行会计核算、资金预算、成本核算与管理、财务报表编制等工作;销售总监需对市场进行预测,制订销售计划、与贸易企业签订销售订单,管理应收账款,开拓市场和维护客户关系;生产总监需根据销售订单和销售预测,制订主生产计划,兴建生产线,生产产品;采购总监需根据生产计划、产品 BOM 以及库存信息，制订原材料采购计划。在上述这些岗位工作中，均需运用专业知识和技能，以达到训练的目的。

④ 仿真场景下的运营协同训练。

在企业经营创新创业实训课程中，各企业不仅在企业内部各岗位之间协同，还需和本企业之外的其他企业进行协作和交互。模拟制造企业生产的产品需销售给模拟贸易企业，因此，在每个季度之初，模拟制造企业的销售总监要积极与模拟贸易企业的采购总监进行交易磋商，力争将本企业生产的产品全部销售出去。在实训中，一般来说，模拟制造企业与模拟贸易企业的数量之比为 5：1，因此，每个模拟制造企业的销售总监需与多个模拟贸易企业的采购总监接洽。除此之外，模拟制造企业和模拟贸易企业需要到模拟商业银行贷款，到模拟税务局纳税，到模拟市场监督管理局年检，不同机构和组织间存在多重交互和协同。

⑤ 仿真职场环境下学生思维的转变。

企业经营创新创业实训一般在大学四年级开设，是学生从学校走向社会和职场的关键时期。职场和学校有着本质上的不同。在学校期间，学生的中心任务是接受教育、积累知识、培养能力，积极探索和试错。但成为职场人士后，为了适应社会，必须学会服从领导和管理，迅速适应上级的管理风格。如果工作中犯了错误，就需要独立承担相应的责任。企业经营创新创业实训创设了仿真的职场环境，使学生在实训中开始实现以下转变：由"校园人"转变为"职业人"；从理论学习转向实际应用；从散漫的校园生活转向紧张的工作状态；从单纯的人际交往转向丰富的人际环境；从被学校、教师、家庭呵护转向自立自强。

1.2 企业经营创新创业实训平台及模拟机构设置

1. 虚拟仿真商业运营环境构成

企业经营创新创业实训平台构建的虚拟仿真商业运营环境包括制造业园区、商务服务企业园区、现代服务业园区和公共服务园区。平台架构如图 1-1 所示。

2. 虚拟仿真商业运营环境中各园区内的机构设置

虚拟仿真商业运营环境中各园区内机构设置如表 1-1 所示。

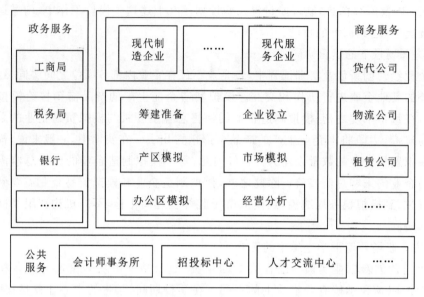

图 1-1　企业经营创新创业实训平台架构

表 1-1　虚拟仿真商业运营环境中各园区内机构设置表

园区名称	简介
制造业园区	模拟生产制造企业 N 家（N 为自然数，具体数值根据实训人数和业务需要进行设定）
商贸园区	① 模拟商贸企业 N 家 ② 模拟供应商 N 家 ③ 模拟第三方物流公司 1～2 家
现代服务业园区	① 模拟商业银行 1～2 家 ② 模拟会计师事务所 1～2 家 ③ 模拟人才交流中心 1 家 ④ 模拟招投标公司 1 家
行政服务区	① 模拟市场监督管理局 1 家 ② 模拟税务局 1 家 ③ 模拟政府综合服务中心 1 家

虚拟仿真商业运营环境中各企业或组织间的关系如图 1-2 所示。

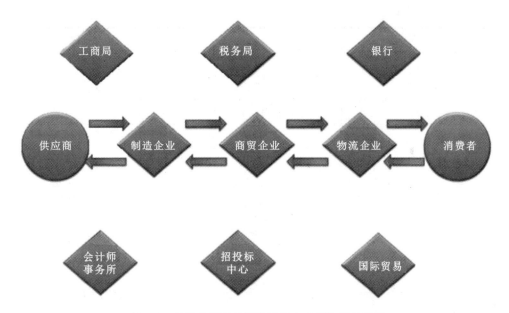

图 1-2　虚拟仿真商业运营环境中各机构间的关系

3. 模拟机构及职位设置

模拟机构职位设置及建议组队人数如表 1-2 所示。

表 1-2　模拟机构职位设置及建议组队人数

机构名称	职位	人数
制造企业	CEO	7~8人
	销售总监	
	生产总监	
	采购总监	
	企管部经理	
	财务总监	
商贸企业	CEO	4~5人
	销售总监	
	采购总监	
	企管部经理	
	财务总监	
物流企业	物流主管	4~5人
	仓储主管	
	运输主管	

续表

机构名称	职位	人数
商业银行	行长	3~4人
	信贷专员	
	柜台业务员	
会计师事务所	经理	4~5人
	审计人员	
	验资人员	
招投标中心	经理	3~4人
	记录员	
	监督员	
	业务员	
市场监督管理局	局长	4~5人
	企业设立专员	
	年检业务专员	
	综合业务专员	
税务局	局长	3~4人
	税务专员	
新媒体中心	总编辑	7~8人
	记者	
	摄影摄像	
	视频剪辑	

1.3 企业经营创新创业实训流程

企业经营创新创业实训流程如图1-3所示。

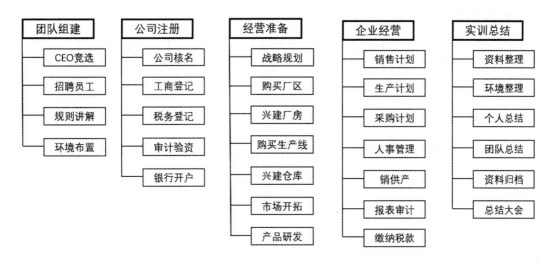

图 1-3　企业经营创新创业实训流程

1. 团队组建

企业经营创新创业实训课程面向经管类专业高年级学生开设,其特色之一是打破专业和行政班级的限制,跨专业组织学生参与课程。通常一个批次的实训总人数为 120 人左右,涉及的专业包括工商管理、市场营销、人力资源管理、金融学、国际贸易、会计学、财务管理、物流管理、信息管理与信息系统等。授课教师需根据每批次参与实训的学生人数及实训场地条件确定虚拟仿真商业运营环境中各机构的数量,以便于教学的有序开展。

在确定了机构数量后,授课老师将首先组织学生进行各机构 CEO 竞选。在选出各机构的 CEO 之后,由 CEO 制作本机构的招聘海报,进行人员招聘。而同批次的其余学生则需制作个人求职简历,投递给自己心仪的模拟机构。CEO 和投简历的学生双向选择,自主组建团队。

2. 公司注册

在实训中,各模拟企业是从公司创立、办理工商登记开始的。公司注册包含了公司核名、银行开户、会计师事务所验资、工商注册登记、税务登记整个过程。在进行公司注册登记完成后,每个模拟企业都可以领到自己的营业执照(注:仿真)和税务登记证(注:仿真)。

3. 经营准备

在企业经营创新创业实训中,制造企业首先要选厂区、购买厂房、兴建生产线、购买或租借原材料库和产成品库、预测市场需求、进行市场开拓和产品研发,在此基础上才能开展正常的经营活动。

4. 企业经营

各机构在每个经营期编制资金预算,制订销售、生产、采购和物流运输计划。在经营过程中,按照计划进行原材料采购、产品生产和销售,每期经营结束前进行财务报表审计和税款缴纳。

5. 实训总结

实训结束时,要求学生按照"5S"要求进行资料整理和环境整理,并进行个人总结和团队总结。在实训成果资料归档后,召开全体实训人员总结大会。

第 2 章 CHAPTER2

初创企业

学习目标

1. 自我职业能力评价;
2. 了解企业的法律形态;
3. 了解公司名称的相关规定;
4. 了解虚拟组织的组织机构和岗位职责;
5. 了解企业设立的过程。

重点、难点

企业的法律形态、岗位设置与职务分析、企业设立。

2.1 业务概述

2.1.1 职场自我评价

1. 自我评价的一般原则

① 全面性。自我评价应该全面。既要看到自己的优点和特长,又要看到自己的缺点

和不足;既要考虑整体因素,又要考虑占主导地位的重点因素。

② 适度性。自我评价应该适度。过高或过低的自我评价可能导致脱离现实或缺乏自信。

③ 客观性。自我评价应当客观。要以客观事实作为基础和依据,排除主观因素的限制和干扰。

④ 发展性。自我评价时,要以发展的眼光看待自己。不但应对自己的现实素质作出全面、适度、客观的评价,而且应着眼于未来的发展变化,预估自己以后的发展潜力和前景。

2. 自我评价的基本方法

要选择适合自己的创业领域,"认识自我"是重要的第一步。

① 自我分析。首先,对自己的人生观、兴趣和资源有充分的认识。其次,对自己的知识、能力、个性、特长等进行分析。最后,要考虑社会的需要。

② 运用测评手段。进行创业能力测评,通过测评得出的分析报告是进行自我评价的依据之一。

③ 总结过去的经验。对过去的经验和教训进行分析。以客观评价为依据,分析自己过去成功和不成功的原因,分析自己在哪些方面需要改进。

④ 他人的评价。多与老师、家人、同学、朋友交流,了解他们对自己的评价和态度。

⑤ 专家咨询。到就业指导中心、专业咨询机构进行咨询,咨询人员会用他的学识、经验以及科学的咨询技术提供帮助。

2.1.2 企业团队人员组成

要创建一个能够创造价值的、发展潜力大的企业,依靠个人的单打独斗很难实现,创业离不开做事的人。

规模不大的企业一般由以下人员组成:业主、企业合伙人和员工。

1. 业主

在多数小企业中,业主即总经理。总经理有如下主要职责。
① 制订发展目标和具体的行动计划。
② 组织、分配和调动员工实施行动计划。
③ 确保计划有效执行。

2. 企业合伙人

在创业初期或创业过程中找到共事的合伙人,可以优势互补,同时分担资金压力,共担风险。找到不同背景、经历的人成为合伙人,会有更大的成功概率。需要注意的是,合伙人之间要有透明的交流和明确的责任义务规定。

3. 员工

初创企业人不在多,而在于精干。也许在初创时期,业主和合伙人要承担所有的工作,但随着企业规模的扩大,就要丰富人力资源基础,财务、人事、行政、市场、销售、产品研发等都需要由具备专业素质的人来完成。

2.1.3 企业法律形态

企业法律形态是指企业在法律上的表现形式。它依据不同的划分标准可以划分为不同的种类。我国原先以所有制、部门、地域为标准所划分的企业法律形态体系已经不能适应社会主义市场经济的需要,建立以组织形式、财产责任为划分标准的新型企业法律形态体系势在必行。

1. 企业的不同法律形态

我国企业的形式大体上有有限责任公司、股份有限公司、中外合资经营企业、中外合作经营企业、外商独资企业、合伙企业、个体工商户、农村承包经营户等。创立企业时,应当根据经济实力及其他有关情况,决定企业的法律形态。

不同企业法律形态有不同的要求,从而对企业产生不同的影响,包括开办和注册企业资金的多少、开办企业手续的难易程度、风险责任的大小、纳税额的多少、筹措资金的难易、寻找合伙人可能性的大小、企业决策的复杂程度、企业利润的多寡等。

2. 不同企业法律形态的特点

不同的企业法律形态,特点各不相同。只有详细了解不同企业法律形态的特点,才能为选择企业的法律形态做好充分的准备。

① 个体工商户。

个体工商户业主只需一个人或一个家庭,人数上没有过多限制,注册资本也无数量限制,开办手续比较简单。业主只需要有相应的经营资金和经营场所,到工商部门办理登记手续即可。个体工商户还可以根据自己的需要起字号。在经营上,全部资产属于自己所有,决策程序比较简单,不受他人制约;利润分配上,全部利润归自己或家庭,同时自己或家庭对外要承担无限责任,相应地,风险也比较大。

② 个人独资企业。

个人独资企业在业主数量与注册资金上与个体工商户相似,但设立手续比个体工商户要复杂,需要有合法的企业名称、有投资人申报的出资、有固定的生产经营场所和必要的生产经营条件及必要的从业人员。它在经营决策与利润分配上与个体工商户相似,决策程序简单,利润归投资人,同时投资人负无限责任。

③ 合伙企业。

合伙企业需要两个或两个以上的人合伙,无资本数量限制。合伙企业成立条件较为复杂,需要两个或两个以上的合伙人订立书面合伙协议,有合伙人的实际出资、合伙企业的名称、经营场所和从事合伙经营的必要条件。合伙企业的合伙人要依照合伙协议共同经营、共享利益、共担风险,各合伙人按照协议分配利润,同时要对合伙债务负无限连带责任,这种责任可以说是最重的。

④ 有限责任公司。

有限责任公司需要由 2 个以上、50 个以下的股东组成,注册资金根据从事不同的行业而有所不同。具体来说,从事科技咨询服务行业的,最低注册资金为 10 万元;从事零售行业的,最低注册资金为 30 万元;从事批发性商业及生产性行业的,最低注册资金为 50 万元;法律对其最高注册资金未做限制。同时,有限责任公司还需要股东共同制定公司的章程、建立符合要求的组织机构、有固定的经营场所和必要的生产经营条件,还应设立股东会、董事会和监事会,并由董事会聘请职业经理管理公司事务。有限责任公司办理开业登记的手续也较为复杂,但有限责任公司按股东出资比例分配利润,并以出资额为限承担有限责任,对创业者而言风险最低。

⑤ 股份有限公司。

股份有限公司对股东的数量未做具体规定,对注册资本数量也无具体限制,按股东出资比例分配利润,同时股东以出资额为限对公司承担有限责任。在经营上,股份有限公司一般实行全员入股,建立资本金制度,职工既是参股人又是劳动者。

⑥ 中外合作经营企业。

中外合作经营企业的投资人至少包括一个中方投资者和一个外方投资者。对于这类企业,法律并没有特殊的注册资本限制,但如果是有限责任公司形式的,注册资本要按照有限责任公司的规定执行;是股份有限公司形式的,注册资本要按照股份有限公司的规定执行。需要特别注意的是,申请设立中外合作经营企业,应当将中外合作者签订的合作协议、合同、章程等文件报请国务院对外经济贸易主管部门或者国务院授权的部门和地方政府审查批准后方可设立。中外合作经营企业按照合作合同分配利润,并以中外合作者全部资产承担债务责任。该种企业形式在经营上设董事会或者联合管理机构,依照中外合作经营企业合同或者章程规定,决定企业的重大问题。中外合作经营企业的董事长或联合管理机构主任由中国公民或外国公民担任,副董长或联合管理机构副主任由另外一方公民担任。

⑦ 中外合资经营企业。

中外合资经营企业投资人至少包括一个中方投资者和一个外方投资者。这种企业形式属于有限责任公司形式,注册资本按照有限责任公司的规定执行。申请设立中外合资经营企业,应当将中外合资者签订的协议、合同、章程等文件报请国务院对外经济贸易主管部门或者国务院授权的部门和地方政府审查批准,同时要求符合有限责任公司设立条件。外方投资者的投资比例一般不低于 25%。中外合资经营企业的利润分配是按出资比例进行的,同时中外双方也要以出资额为限承担有限责任。在经营上,中外合资经营企业设立董事会,董事会人员由投资各方协商确定,一方担任董事长的,由另外一方担任副董事长。正、副总经理也由投资各方分别担任。

3. 影响选择企业法律形态的因素

以上各种企业法律形态各有利弊,我们不能简单地说某种企业法律形态最好或最差,但从总体上说,选择企业法律形态应当考虑的因素如下。

① 拟创办企业的规模大小。
② 创业时所拥有的资金的多少。
③ 共同创业人数多少。
④ 创业的观念。
⑤ 所能承受的风险。
⑥ 准备创业的行业的发展前景。

具体而言,在选择企业法律形态时要注意以下几个方面。

① 如果准备开办的企业规模较小,投资人较少,需要的资金较少,所有风险由自己一个人承担,那么就可以选择比较简单的企业形式,如个体工商户或合伙企业。
② 如果准备开办的企业规模较大,投资人较多,需要的资金较多,为避免较大的债务风险,可以选择有限责任公司这种企业形式。
③ 如果能争取到国外的投资者,享受外商投资的有关优惠政策,则可以考虑选择中外合作经营企业或中外合资经营企业这两种企业形式中的一种。
④ 如果有其他的合伙人,则可以选择合伙企业、有限责任公司等企业形式。
⑤ 如果有较强的独立意识,不愿与他人合作,则可以选择个体工商户或个人独资企业。
⑥ 如果准备开办的是科技含量高、需要大量投资的企业,则可以选择有限责任公司、股份有限公司等企业形式。

2.1.4　企业名称

1. 企业名称的规范要求

① 企业法人必须使用独立的企业名称,不得在企业名称中包含另一个法人的名称。
② 企业名称应当使用符合国家规范的汉字,民族自治地区的企业名称可以同时使用本地区通用的民族文字。企业名称不得含有外国文字、汉语拼音字母、数字(不含汉字数字)。
③ 企业名称不得含有有损国家利益或社会公共利益、违背社会公共道德、不符合民族和宗教习俗的内容。
④ 企业名称不得含有违反公平竞争原则、可能对公众造成误认、可能损害他人利益的内容。
⑤ 企业名称不得含有法律或行政法规禁止的内容。
⑥ 企业名称是企业权利和义务的载体,企业的债权、债务均体现在企业名称项下。

由于企业变更名称后在一定的时间内不可能让社会公众或企业的客户周知,企业办理注销登记或被吊销营业执照后在一定时间内其全权债务不可能全部清结,在此期间如一个新的企业使用与上述企业完全相同的名称,虽不构成重名,但却易引起公众和上述企业特定客户的误认,因此,企业申请登记注册的企业名称不得与其他企业变更名称未满三年的原名称相同,或者与注销登记或被吊销营业执照未满三年的企业的名称相同。

2. 构成企业名称的基本要素

① 行政区划名称。

② 字号。

③ 行业或者经营特点。

④ 组织形式。

3. 公司取名的技巧

① 公司名称应简短明快,字数少,笔画少,便于消费者记忆,易于和消费者进行信息交流,同时还能引起大众的遐想,寓意尽量丰富。

② 公司名称应符合公司理念、服务宗旨,这样有助于塑造公司形象。

③ 公司名称应具备独特性,具有个性的公司名称可避免与其他公司名称雷同,并可加深大众对公司的印象。

④ 公司名称应具备不同凡响的气魄,具有冲击力,给人以震撼之感。

⑤ 公司名称要响亮,易于上口。名称比较拗口,节奏感不强,不利于产生好的发音效果,也不利于传播,从而很难达成大众的共识。

⑥ 公司名称要具有吉祥含义。

⑦ 公司名称的选择要富有时代感,具有鲜明性,符合时代潮流,并能迅速为大众所接受。

⑧ 公司名称的选择要考虑其在世界各地的通用性。

2.1.5 企业法人

1. 企业法人的条件

依法成立;有必要的财产或经费;有自己的名称;有符合法定数额的注册资金,有组织机构和经营场所,并具有相应的规模;有符合规定的组织章程。

2. 企业法人的特征

① 以营利为目的,企业法人负有提供使用价值和获取价值的功能,企业法人的营利性要求其享有独立的自主权和经营权。

② 企业法人必须有自己所经营的财产。企业法人的独立财产是其独立经营和承担责任的基础。

③ 企业法人具有独立的经济利益,自主经营、自负盈亏、自我约束、自我发展是企业的基本特征。

3. 企业法人的能力

企业法人作为民事活动的主体参与民事活动、享有民事权利、承担民事义务的一种资格就是企业法人的权利能力和行为能力。

企业法人的权利能力主要体现在核定的经营范围上,其权利能力因受其经营范围的限制而有一定的局限性。一般来说,企业法人的行为能力以其权利能力为前提并与权利能力相一致,企业法人必须在其权利能力内实施其行为能力,这样,其行为能力将得到保护。企业法人的行为能力与企业法人的权利能力同时产生和消失。

企业法人的行为能力一般是由其法定代理人来实现的,但不是全部实现。法定代表人及其代理人在法定权限内,以企业法人名义从事的民事行为,就是企业法人的民事行为,其结果由企业法人承担。超出法定权限的民事行为,结果由法定代表人或其代理人个人承担。

企业法人的责任能力是企业法人行为能力的一种特殊表现形式,主要指企业法人在自己的权利范围内,对自己的已违法行为承担民事责任的能力。企业法人承担的民事责任,主要是由企业法人违反合同行为或侵权行为产生的。

2.1.6 岗位设置及职务分析

1. 设置岗位的基本原则

① 专业分工原则。

专业分工原则追求深度知识与市场经验的积累。在专业分工原则下,部门岗位设计的第一步骤为工作内容细分,其表现形式为岗位最小化。

② 协调费用最小原则。

协调费用最小原则旨在减少不同职位间的协调,降低运作成本。这一原则在岗位设计方面的应用通过工作关系分析和工作定量分析的步骤来实现。

进行工作关系分析而非工作定量分析,是为一人多岗做准备,适用于公司发展较快、岗位工作量及职责具有较大的不确定性的情况。

工作关系分析是对最小业务活动之间的工作相关性进行分析,确定适用的优化组合方案,从而通过对工作岗位、部门的相关性分析,使组织发挥系统和平衡的功能,达到分工合理、简洁高效和工作畅顺。随着公司各项工作的稳定开展,结合对各岗位工作的定量分析,可以对工作量不足于80%的岗位及时进行撤岗、并岗,保证每一个岗位的合理负荷,使所有工作尽可能集中,并降低人工成本。

③ 不相容职务分离原则。

不相容职务分离的核心是内部牵制。

基于不相容职务分离原则的岗位设置需要在岗位间进行明确的职责权限划分,确保不相容岗位相互分离、制约和监督。企业经营活动中的授权、签发、核准、执行和记录等工作步骤必须由相对独立的人员或部门分别实施或执行。在企业组织整体规划下应实现岗位的明确分工,又在分工基础上有效地综合,使各岗位既职责明确,又能上下左右同步协调,以发挥最大的企业效能。

④ 实际需要和可能的原则。

岗位设置只能根据目前一段时间内的实际工作需要,在现有编制人员和获得的职务数额内进行。所谓实际需要,指的是现阶段明确的任务,是必须实施的、是可进行的,不是规划的、将来的任务;所谓可能,即已核定的编制定员和职务数额。

⑤ 最少岗位数量原则。

任何一个机构岗位的数量都是有限的。某一机构岗位数量的多少,取决于该机构在整个系统中的地位和作用,取决于该机构任务的多少、复杂程度,以及人员的需求和经费状况等。因此,岗位数量只能以一个职务岗位饱满的工作量和履职标准,按最少岗位数量原则来确定。

一个岗位能承担和完成的,不能设两个岗位,以达到少投入、获得最高效率和最大效益的目的。

⑥ 最低职务岗位原则。

最低职务岗位原则,也称为能级层次原则。不同的工作层次、不同的工作性质、不同的任务,职责不一样,难易程度也不一样,对岗位的要求也不一样。一个机构最高职务档次岗位究竟设置到哪一级,应由上述因素确定。岗位应按工作性质、责任大小、难易程度,从低岗设起,避免低岗位能承担的职责和任务设为由高岗位承担。

⑦ 协调配合原则。

协调配合原则,也称为整分合原则,即任何职务岗位都不能孤立地设置,必须从整体出发考虑上下左右协调配合的关系。职务岗位要在整体目标、任务下有明确的分工,并在分工的基础上形成一个协调配合、优化组合的岗位群众。因此,在设置岗位并作合理分布时,必须以机构的职能、目标为依据,进行层层分解,直到每一项具体工作,合理确定到每一个岗位。评价职务岗位设置是否合理,要看其目标任务是否明确具体,其职责是否符合整体职能的要求,其与其他职务岗位是否协调配合。

⑧ 人事结合,逐步过渡的原则。

以事为中心,并不是完全不考虑人的因素及现状,而是从现阶段的实际情况出发,在岗位设置和调整中,在坚持聘任制原则的前提下,采取稳妥的过渡办法。例如:国家指令性分配的大中专毕业生、博士研究毕业生、硕士研究毕业生的期满考核定职定岗问题;军队转业的专业技术人员的岗位安排;科研体制改革后,部分科研单位处在转换调整之中,职能不清、任务不固定,其岗位设置不可避免地要有一定的活动性,以便适时地进行有必要的调节。

2. 职务分析

职务分析,又称工作分析,指全面了解获取与工作有关的详细信息的过程,是对组织中某个特定职务的工作内容和职务规范的描述和研究过程,即制订职务的说明和职务规范的系统过程。

职务分析是指对工作进行整体分析,以便确定每一项工作的"6W1H":用谁做(who)、做什么(what)、何时做(when)、在哪里做(where)、如何做(how)、为什么做(why)、为谁做(whom)。职务分析是现代人力资源管理的基础,只有在客观、准确的职务分析基础上才能进一步建立科学的招聘、培训、绩效考核及薪酬管理体系。

职务分析是人力资源管理最基本的工具。具体讲,职务分析有如下几个方面的意义。

① 为应聘者提供了真实的、可靠的需求职位的工作职责、工作内容、工作要求和人员的资格要求等信息。

② 为选拔应聘者提供了客观的选择依据,提高了选择的信度和效度,降低了人力资源选择成本。

③ 为绩效考评标准的建立和考评的实施提供了依据,使员工明确了企业对其工作的要求目标,从而减少了因考评而引起的员工冲突。

④ 明确了工作的价值,为工资的发放提供了可参考的标准,保证了薪酬的内部公平,减少了员工间的不公平感。

⑤ 明确了上级与下级的隶属关系,明晰了工作流程,为提高职务效率提供了保障。

⑥ 使员工清楚了其工作的发展方向,便于员工制订自己的职业发展计划。

职务分析的最终成果是产生两个文件:职务描述和职务资格要求。有的书中也将它们叫作工作描述和职位要求,我们也可以把它们合称为职务说明书。

职务描述规定了对"事"的要求,如任务、责任、职责等;职务资格要求规定了对"人"的要求,如知识、技术、能力、职业素质等。人力资源部门应通过职务说明和职务资格要求来指导人力资源管理职务。

职务描述的具体内容如下。

① 基本信息:包括职务名称、职务编号、所属部门、职务等级、制订日期等。

② 工作活动和工作程序:包括工作摘要、工作范围、职责范围、工作设备及工具、工作流程、人际交往、管理状态等。

③ 工作环境:工作场所、工作环境的危险性、职业病、工作时间、工作环境的舒适程度等。

④ 任职资格:年龄要求、学历要求、工作经验要求、性格要求等。

职务资格要求的具体内容如下。

① 基本素质:最低学历、专长领域、工作经验、接受的培训教育、特殊才能等。

② 生理素质:体能要求、健康状况、感觉器官的灵敏性等。

③ 综合素质:语言表达能力、合作能力、进取心、职业道德素质、人际交往能力、团队合作能力、性格、气质、兴趣等。

2.1.7 企业设立登记

企业设立登记是企业向政府主管机关办理注册登记宣告成立的过程。设立登记是企业从事经营活动的前提,非经设立登记并领取营业执照,不得从事商业活动。设立登记后,企业正式宣告成立,合法并依法行使法律赋予企业的各种权利和义务,企业的正常生产和经营受到法律的保护和支持。

该流程分为企业名称预先核准和企业设立登记两个步骤。

1. 企业名称预先核准

本业务主要是对企业申请的名字进行核准对比操作。如果已经存在此名称,则需要重新对名字进行设定。

企业办理企业名称预先核准需要向市场监督管理局提交的材料如下。

① 企业名称预先核准申请书。

② 指定代表或委托代理机构与委托代理人的身份证明和企业法人资格证明及受托资格证明。

③ 代表或受托代理机构与受托代理人的身份证明和企业法人资格证明及受托资格证明。

④ 全体投资人的法人资格证明或身份证明。

企业名称预先核准的流程图如图 2-1 所示。

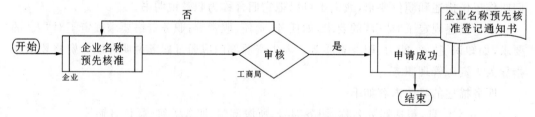

图 2-1 企业名称预先核准的流程图

2. 企业设立登记

企业名称预先核准审核通过之后,企业就可以填写企业设立登记申请书,提交工商管理行政局进行审核,审核通过后则企业正式成立。

提出申请时,有限责任公司应提交下列文件。

① 公司董事长签署的设立登记申请书。

② 全体股东指定代表或者共同委托代理人的证明。

③ 公司章程。
④ 具有法定资格的验资机构出具的验资证明。
⑤ 股东的法人资格证明或者自然人身份证明。

股份有限公司应提交下列文件。
① 公司董事长签署的设立登记申请书。
② 国务院授权部门或者省、自治区、直辖市人民政府的批准文件。募集设立的股份有限公司还应提交国务院证券管理部门的批准文件。
③ 创立大会的会议记录。
④ 公司章程。
⑤ 筹办公司的财务审计报告；具有法定资格的验资机构出具的验资证明；发起人的法人资格证明或者自然人身份证明；载明公司董事、监事、经理姓名、住所的文件以及有关委派、选举或者聘用的证明；公司法定代表人任职文件和身份证明；企业名称预先核准通知书；公司住所证明等。

企业设立登记的流程图如图 2-2 所示。

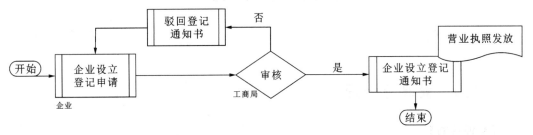

图 2-2　企业设立登记的流程图

企业获取营业执照后，才能办理税务登记等其他手续，正式开展生产经营活动。

2.1.8　公司章程

公司的设立程序从订立公司章程开始。公司章程是公司设立的最主要条件和最重要条件。我国明确规定，订立公司章程是设立公司的条件之一。审批机关和登记机关要对公司章程进行审查，以决定是否给予批准或者登记。公司没有章程，不能获得批准，也不能获准登记。

公司章程是确定股东权利义务关系的基本法律文件。公司章程一经有关部门批准和登记机关核准，即对外产生法律效力。股东依据公司章程，享有各项权利并承担各项义务。符合公司章程的行为受国家法律保护；而对于违反公司章程的行为，有关机关有权对行为人进行干预和处罚。

公司章程是公司对外进行经营交往的基本法律依据，规定了公司的组织和活动原则及其细则，包括经营目的、财产状况以及权利与义务关系等，为投资者、债权人和第三人与该公司进行经济交往提供了条件和依据。

鉴于公司章程的上述作用,强化公司章程的法律效力不仅是公司活动本身的需要,也是市场经济健康发展的需要。这就要求股东和发起人在制定公司章程时必须考虑周全,规定明确、详细,公司登记机关必须严格把关,使公司章程做到规范化,并从国家管理的角度对公司的设立进行监督,保证公司设立以后能够正常运行。有限责任公司的章程由股东共同制定,经全体股东一致同意,由股东在公司章程上签名盖章。修改公司章程,必须经代表 2/3 以上表决权的股东通过。有限责任公司的章程必须载明下列事项:公司名称和住所;公司经营范围;公司注册资本,股东的姓名和名称;股东的权利和义务;股东的出资方式和出资额;股东转让出资的条件;公司机构的产生办法、职权、议事规则;公司的法定代表人;公司的解散事由与清算办法;股东认为需要规定的其他事项。

2.2 实训任务

2.2.1 竞聘总经理

【实训目的】

激发学生对就业创业的期待,锻炼学生的语言组织能力、应变能力、表达能力、逻辑思维能力、社交能力等。

【任务类别】

现场任务。

【实训组织】

人力资源专业或者相关专业的指导教师 1 名。

【实训准备】

知识准备:参加竞聘者准备竞选 PPT,内容可以包括但不局限于自我介绍、教育背景、工作经历、特长、主要工作业绩、对公司的构想、公司愿景等。

设备设施:投影仪、话筒、电脑等。

【实训内容】

① 参加总经理竞聘的学生进行竞聘演讲。

② 实训老师针对总经理的岗位需求进行提问,由竞聘者当场作答,实训老师进行点评。

③ 在场全体学生根据竞聘者的演讲及答辩,通过投票方式产生总经理。

2.2.2　组建团队

【实训目的】

了解团队、简历、面试的概念,熟悉面试的过程,会制作简历,掌握面试技巧、团队组建的方法。

【任务类别】

现场任务。

【实训组织】

人力资源专业或者相关专业的指导教师1名。

总经理确定模拟公司的人员构成。

【实训准备】

知识准备:招聘简章的填写、个人简历的制作。

物品准备:总经理准备好招聘简章,其余学生制作个人简历。

设备设施:可用于招聘的实验场地。

【实训内容】

① 总经理确定1~2名公司成员,成立招聘小组。

② 在总经理的组织领导下,招聘小组通过简历筛选、面试,确定本公司的其他成员及岗位分工。

2.2.3　确定公司名称

【实训目的】

了解企业名称的规范要求以及在公司取名时需要注意的事项。

【任务类别】

现场任务。

【实训组织】

工商专业或者相关专业的指导教师1名。

学生可以按照4~6人进行分组。

【实训准备】

知识准备:学习企业名称的规范要求。

物品准备:笔、纸张。

设备设施:跨专业综合实训软件平台。

【实训内容】

① 全体员工提议并讨论模拟公司的名称。

② 为防止公司注册时重名,模拟公司需选定三个备选名称。

2.2.4 确定组织架构及部门职责

【实训目的】

分清各部门、各岗位之间的职责和相互协作关系,获得最佳的工作业绩。

【任务类别】

现场任务。

【实训组织】

工商专业或者相关专业的指导教师 1 名。

学生可以按照 4～6 人进行分组。

【实训准备】

知识准备:了解企业组织架构的基本原则以及企业各部门的岗位职责分工。

物品准备:笔、纸张。

设备设施:跨专业综合实训软件平台。

【实训内容】

① 根据跨专业综合实训软件平台涉及的公司业务,完成公司的组织结构图,见附录 18。

② 根据公司业务,由总经理牵头讨论设定部门。

③ 总经理组织人员讨论确定各部门岗位职责。

扫二维码,下载附录 18。

附录 18

2.2.5 岗位设置及职务分析

【实训目的】

了解岗位的划分,明白岗位的工作性质,实现劳动用工的科学配置。

【任务类别】

现场任务。

【实训组织】

工商专业或者相关专业的指导教师 1 名。

学生可以按照 4～6 人进行分组。

【实训准备】

知识准备:了解岗位设置的原则、职务的工作内容和职务规范。

物品准备:笔、纸张。

设备设施:跨专业综合实训软件平台。

【实训内容】

① 根据组织架构,讨论确定企业岗位设置及相应部门经理人选。

② 按照部门职责,明确各部门岗位职责,填写岗位职责说明书(见附录 13)。

扫二维码,下载附录 13。

附录 13

2.2.6 公司注册

【实训目的】
了解工商注册、税务注册、银行开户的流程,以及相关单据的填写规范。

【任务类别】
现场任务。

【实训组织】
经管类指导教师1名。
学生可以按照4~6人进行分组。

【实训准备】
知识准备:掌握市场监督管理部门的情况,同时对组织结构设计知识有一定的了解。
设备设施:跨专业综合实训软件平台。

【实训内容】
① 企业名称预先核准:到市场监督管理局,进行企业登记,填写企业名称,并提交企业名称预先核准申请书(见附录1)。

② 企业设立登记:到市场监督管理局企业设立登记处,填写企业设立登记申请书(见附录2)、法人代表登记表(见附录6),获得营业执照。

③ 税务登记:到税务局行政审批处,获取识别号,填写税务登记表(见附录76),填写纳税人税种登记表(见附录3)。办理此项业务时,需要持有验资报告通过书和营业执照。

④ 办理银行结算业务账户:到银行,开立企业银行结算账户,填写开立单位银行结算账户申请书(见附录4)。

⑤ 组织架构:为本企业设立工作岗位,安排本企业招聘人员的职位、工资等,为开展后续工作做准备。

扫二维码,下载附录1。
扫二维码,下载附录2。
扫二维码,下载附录6。
扫二维码,下载附录76。
扫二维码,下载附录3。
扫二维码,下载附录4。

附录1

附录2

附录6

附录76

附录3

附录4

第 3 章 销售管理岗位实训

学习目标

1. 了解销售管理部门职能；
2. 掌握销售管理部门组织架构设计与岗位职责分析；
3. 掌握销售计划和销售预算的编制方法；
4. 掌握订单管理的方法；
5. 掌握销售管理部门的业务流程；
6. 掌握销售分析与评估的方法。

重点、难点

销售管理部门组织架构设计与岗位职责分析、销售计划和销售预算的编制、销售管理部门的业务流程、销售分析与评估。

3.1 业务概述

3.1.1 销售管理部门职能

① 全面负责销售业务的日常管理工作。

② 组织制订销售业务相关管理制度、流程，并监督执行。

③ 负责组织、指导销售业务区做好年度预算规划，监督销售业务区预算执行情况，促进年度各项销售指标的达成。

④ 根据销售公司的各项管理制度严格审核市场费用及行政费用。

⑤ 负责向营销公司管理层及各业务区提供产品费率、费用投入、业务规范操作等各方面的建议。

⑥ 监控可能会对公司造成经济损失的重大经济活动，并及时向管理层反映。

⑦ 每月确保及时准确向销售公司管理层及各业务区提供管理会计指标分析。

⑧ 负责协调销售业务与其他各相关部门的工作对接等事宜。

⑨ 向管理层提供各项绩效考核数据。

⑩ 组织销售管理部门人员开展业务技能的学习培训、公司各项规章制度的宣贯，对销售管理部门员工进行业绩考评。

3.1.2 销售管理部门组织架构设计与岗位职责

销售管理部门的基本组织架构设计如图 3-1 所示。

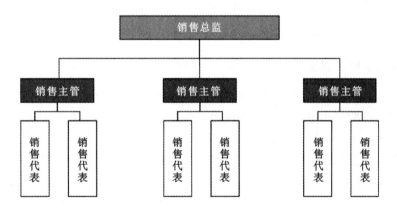

图 3-1 销售管理部门的基本组织架构

1. 销售总监岗位职责

① 参与公司重大经营决策过程，并为公司战略性营销项目提供建议。

② 全面负责公司产品的市场开发、客户管理和产品销售组织工作。

③ 组织编制分管机构的年度销售计划以及内部利润指标和分配计划，并落实完成。

④ 负责公司战略性大客户的开发、维护、管理及客户服务工作。

⑤ 负责组织、拟订分管机构销售方面的发展规划，拟订销售管理的各种规定及其部门内机构人员配置和奖惩方案。

⑥ 负责部门销售计划的整体管理，包括销售计划的制订、销售进度和销售预算的控制。

⑦ 负责分管机构的日常管理及销售工作,参与制订集团公司内部的经营方针及落实完成销售计划,对总经理负责。

⑧ 负责部门业务规范、流程的建立,并对制度的执行进行监督和指导。

⑨ 负责业务的全面管理,包括市场推广、业务公关、项目跟进、项目实施、商务谈判、合同签订及售后服务等,并针对重点项目和重要客户、厂家进行跟踪和维护。

2. 销售主管岗位职责

① 协助上级领导根据公司整体规划,制订市场拓展计划。

② 积极开展市场调查、分析和预测工作。

③ 掌握市场动态,积极适时、有效地开辟新的客户,拓宽业务渠道,不断扩大公司商品的市场占有率。

④ 负责业务谈判、业务合同和协议的草拟。

⑤ 认真分析市场状况,为公司经营管理出谋划策。

⑥ 合理解决有关客户投诉,热情解答客户提出的疑问,维护客户关系,做好日常沟通工作。

⑦ 定期汇报业务工作情况,及时调整工作方向,与运作部门保持密切协调工作。

⑧ 及时了解市场变化,将信息及时反馈给上级领导。

⑨ 完成公司下达的市场推广任务,达到预期的品牌效果。

3. 销售代表岗位职责

① 负责与客户签订销售合同,督促合同正常如期履行,并催讨所欠应收销售款项。

② 对客户在购买和使用过程中出现的问题、须办理的手续,帮助或者联系有关部门或单位妥善解决、办理。

③ 收集一线营销信息和用户意见,对公司营销策略、广告、售后服务、产品改进新产品开发等提出参考意见。

④ 填写有关销售表格,提交销售分析和总结报告。

⑤ 做到以公司利益为重,不索取回扣,馈赠钱物上交公司,遵守国家法律,不构成经济犯罪。

⑥ 每天按时拜访一定数量的经销商,保持良好的个人素质和自身修养,提升与客户的亲密度。

⑦ 必须熟记产品销售政策和价格体系,准确报出给经销商的价格。熟练掌握产品的性能、规格、特性、用途等相关的产品知识。

⑧ 准时参加周、月例会,会上积极分析市场动态和经销商需求,相互分享营销经验。

⑨ 负责所属区域的产品宣传、推广和销售,完成销售的任务指标,认真做好本区域的经销商关系维护工作。

⑩ 定期组织安排经销商到公司考察、交流等活动,建立经销商对公司的依赖感。保持良好的心态和规范的行为,提升企业及其产品的美誉度和客户满意度。

⑪ 严格审核经销商的资格,定期做好经销商的考评、筛选、淘汰和更新工作。
⑫ 跟踪市场部物流专员,及时将货物发往经销商指定地点。

3.1.3 编制销售计划

销售计划是企业为取得销售收入而进行的一系列销售工作的安排,包括依据销售预测设定销售目标、编制销售定额和销售预算。其中,确定销售目标是制订销售计划的核心。以下介绍几种常用的销售目标确定方法。

1. 根据销售成长率确定

销售成长率是本年销售实绩与上一年销售实绩的比率,计算公式为:

$$销售成长率 = \frac{本年销售实绩}{上一年销售实绩} \times 100\%$$

由此,销售目标可以用以下公式表示:

$$销售目标值 = 上一年销售实绩 \times 销售成长率$$

2. 根据市场占有率确定

市场占有率是在一定时期和一定市场范围内企业销售额(量)占业界总销售额(量)的比率,计算公式为:

$$市场占有率 = \frac{企业销售额(量)}{业界总销售额(量)} \times 100\%$$

其中,业界总销售额(量)需要通过科学的市场需求预测得到,或者通过行业协会、调查公司的数据获得。

由此,销售目标可以用以下公式表示:

$$销售目标值 = 业界总销售额(量)预测值 \times 市场占有率$$

3. 根据市场扩大率(或实质成长率)计算

市场扩大率是企业本年市场占有率与上一年市场占有率的比率,实质成长率是企业成长率与业界成长率的比率,两个指标都表示企业希望其市场地位的扩大程度,计算公式为:

$$市场扩大率 = \frac{本年市场占有率}{上一年市场占有率} \times 100\%$$

$$实质成长率 = \frac{企业成长率}{业界成长率} \times 100\%$$

由此,销售目标可以用以下公式表示:

$$销售目标值 = 上一年销售实绩 \times 市场扩大率(或实质成长率)$$

4. 根据经费预算确定

企业的正常经营活动中存在着各种必需的经营费用,如销售成本、营业费用、人事费

用等,这些费用都要从销售毛利中扣除。根据经费预算确定销售目标,就是要使企业的销售毛利足以抵偿这些费用开支。计算公式为:

$$销售目标值 = \frac{固定费用 + 净利润}{1 - 销售毛利率 - 变动性营业费用率} \times 100\%$$

3.1.4 销售配额的设置

销售配额是分配给销售人员在一定时期内完成的销售任务,是销售人员需要努力完成的销售目标。设置销售配额的目的是设定目标、明确责任,以有效地激励销售人员更好地完成任务。

1. 设置销售配额的作用

① 提供目标。销售离不开硬性的量化指标,量化的指标便于评估销售人员的工作,同时也为销售人员的努力指明了方向。

② 控制活动。销售配额设置后,可对销售人员的销售过程进行管理。对销售人员的销售过程进行科学管理是实现目标的前提和基础。

③ 提供激励与评估的标准。销售配额应具有适度的挑战性,即销售人员必须通过努力才可能实现,这样才能起到激励作用。当销售配额的完成与薪酬挂钩时,合理地评估销售人员的工作绩效,激励效果更为明显。

④ 控制销售费用。关于销售配额的设置,有些企业参照销售额的百分比,有些企业以利润为基础,有些企业则制订费用包干政策。设置这些费用配额的目的是使销售人员从单一地强调销售导向改变为注意费用控制和增加利润。

2. 设置销售配额的方法

① 月别/季度分配法。它是指将年度目标销售定额分配到一年的12个月或4个季度中。这种方法简单易行、容易操作。

② 地区分解法。它是指根据销售人员所在的地区与顾客的购买能力来分配目标销售定额。这种方法的优点在于可以对区域市场进行充分的挖掘,使产品在当地市场的占有率逐渐提高;缺点在于很难判断某地区所需产品的实际数量及该地区潜在的消费能力。因此,在设置销售定额时,还需要考虑各个地区的经济发展水平、人口数量、生活水平等环境因素。

③ 产品类别分解法。它是指根据销售产品的类别甚至产品的型号来分解目标销售定额。采用这种方法的前提是:培养忠诚的客户。如果消费者经常改变消费需求,变换所消费的产品,企业就很难判断某种产品的消费群体的规模大小,产品类别分解法也就失去了意义。

④ 客户分解法。它是指根据销售人员所面对客户的特点及数量来分解目标销售定额。这种方法充分体现了客户导向的观念,可以使销售人员把销售的重点放在重点客户上,有利于客户的深度开发和忠诚客户的培养。

⑤ 销售人员分解法。它是指根据销售人员能力的大小来分解目标销售定额。这种方法的优点在于有利于形成对销售人员的激励;缺点在于能力强的销售人员容易骄傲自满,能力差的销售人员会产生自卑感,而且容易引起销售人员之间的矛盾。

⑥ 销售单位分解法。它是指以某一销售单位为对象来分解目标销售定额。这种方法的优点在于强调销售单位内部的协作,利用销售单位的整体能力来实现目标销售定额;缺点在于重视销售单位目标定额的完成,而忽视了销售人员个人的潜在价值。

3.1.5 销售预算的编制

销售预算一般是企业生产经营全面预算的编制起点,生产、材料采购、存货费用等方面的预算,都要以销售预算为基础。销售预算把费用与销售目标的实现联系起来。销售预算是一个财务计划,它包括完成销售计划的每一个目标所需要的费用,以保证公司销售利润的实现。销售预算的编制是在销售预测完成之后才进行的,销售目标被分解为多个层次的子目标,这些子目标一旦被确定,其相应的销售费用也被确定下来。

销售预算以销售预测为基础,以各种产品历史销售量数据为主要依据,并结合市场预测中各种产品发展前景等资料,先按产品、地区、顾客和其他项目分别加以编制,然后加以归并汇总。根据销售预测确定未来期间预计的销售量和销售单价后,求出预计的销售收入:

$$预计销售收入 = 预计销售量 \times 预计销售单价$$

销售预算主要有以下作用。

① 使销售机会、销售目标、销售定额清晰化和集中化。

② 有助于确定合理的费用投入。

③ 有助于促使各职能部门协调合作。

④ 有助于保持销售额、销售成本与计划结果之间的平衡。

⑤ 提供了一个评估结果的工具。

⑥ 可通过集中于有利可图的产品、市场区域、顾客和潜在顾客而使收益最大化。

销售总监在确定销售预算水平时,采用何种方法应考虑公司的历史、产品的特点、营销组合的方式和市场的开发程度等多方面因素。常用的销售预算方法有以下几种。

① 最大费用法。

这种方法是在公司总费用中减去其他部门的费用,余下的全部作为销售预算。这种方法的缺点在于费用偏差太大,在不同的计划年度里,销售预算也不同,不利于销售经理稳步地开展工作。

② 销售百分比法。

用这种方法确定销售预算时,最常用的做法是用上一年的费用与销售百分比,结合预算年度的预测销售量来确定销售预算。另外一种做法是把最近几年的费用与销售收入的百分比进行加权平均,将其结果作为预算年度的销售预算。这种方法往往忽视了公司的长期目标,不利于开拓新的市场,比较适合用于销售市场比较成熟的公司。同时,这种方法不利于公司吸纳新的销售人才,因为从长远来看,吸引有发展潜力的销售人员对公司的长期发展是必不可少的,但这种方法促使销售经理只注重短期目标,而忽视培养对公司具有长期意义的员工。

③ 同等竞争法。

同等竞争法是以行业内主要竞争对手的销售费用为基础来确定销售预算。使用这种方法必须全面并及时获取大量的行业及竞争对手的资料,对行业及竞争对手有充分的了解。

④ 边际收益法。

所谓边际收益,是指每增加一名销售人员所获得的效益。由于销售潜力是有限的,随着销售人员的增加,其收益会越来越少,而每个销售人员的费用是大致不变的,因此,存在一个临界点,每增加一个销售人员,其收益和费用接近;超过这个临界点,再增加销售人员,费用反而比收益要高。边际收益法要求销售人员的边际收益大于零。边际收益法也有一个很大的缺点,即在销售水平、竞争状况和市场其他因素变化的情况下,确定销售人员的边际收益是很困难的。

⑤ 零基预算法。

在一个预算期内,每一项活动都从零开始。销售经理提出销售活动必需的费用,并且对这次活动进行投入产出分析,优先选择那些对组织目标贡献大的活动。这样反复分析,直到把所有的活动按贡献大小排序,然后将费用按照这个序列进行分配。这样有时贡献小的项目可能得不到费用。另外,使用这种方法需经过反复论证才能确定所需的预算。

⑥ 投入产出法。

这种方法是对目标任务法的改进。任务目标法的基本思想是比较一定时间内的费用与销售量。但有时有些费用投入后,其效应在当期显示不出来,从而无法真实反映费用销售量比率。投入产出法不强调时间性,而是强调投入与产出的实际关系,因此在一定程度上克服了任务目标法的缺点。

3.1.6 销售订单管理

1. 订单的种类

订单成交法是指用合约直接把客户的需求(具体要什么样的产品、服务、价格等)写下来,然后跟客户进行确认,直接要求客户签单的方法。订单有以下几种。

① 一般订单:正常、一般的订单,接单后按正常的作业程序拣货、出货、配送、收款结账。

② 现销式订单:与客户当场直接交易、直接给货的订单,如业务员到客户处巡货、访销所取得的订单或客户直接到物流中心取货的订单。

③ 间接订单:客户在物流中心订货,供货商直接配送给客户时所签订的订单。

④ 合约式订单：与客户签订配送契约而产生的订单，如在一定时期内定时配送某种物品。

⑤ 寄存式订单：客户因促销、降价等市场因素预先订购某种物品，然后视需要再决定出货时间所下的订单。

⑥ 兑换券订单：客户用兑换券所兑换商品配送出货时所产生的订单。

2. 订单的报价方式

① 直接报价。直接报价是指在客户对产品产生购买愿望并询问产品价格后，直接告知客户产品的价格水平。大多数企业都有一定的产品库存，企业对产品的价格范围也都有比较明确的规定。在这样的情况下，可以直接报价。

② 估价报价。如果客户需要的是定制产品，则企业必须仔细核算产品成本后，方可报价。例如，汽车制造商需要改进车前大灯，配套车灯生产企业的销售部就很难直接报价，而必须会同技术部门、生产部门反复测算，才能进行产品成本的估价，然后决定是否承接此款车前大灯的订单。由此，估价报价涉及多个部门，而且要经过反复测算才能完成。

3. 订单的管理

订单管理是客户关系管理的有效延伸，能更好地把个性化、差异化服务有机地融入客户管理中，有效提升经济效益和客户满意度。

① 订单的档案管理。订单档案资料内容应视实际需求而定，既要考虑上述各种订单及其处理方式的不同，又要考虑不同作业方式的要求不同，尤其是不同的订单可能有不同的数据要求，有时甚至需要设计成不同的档案分别存放。档案应当如何设计以便准确地反映订单完成情况，以及当不同状态的订单进行转换时，如果发生异常情况应该如何处理并记录在案，都应该纳入考虑范围之内。

② 订单管理流程。每个企业在订单的处理模式上不尽相同，但大致可以归纳为两类。一是"面向存货生产方式"的订单管理流程，即企业用自己的库存商品来满足客户的需求，这样有利于快速响应客户需求。但是，过量的存货意味着成本和风险的加大，为此销售部门必须洞察市场走向，准确估计本企业产品的需求趋势和大致的需求量，从而为生产部门制订出一个尽可能准确的生产计划，既快速满足客户需求，又避免过多的库存。二是"面向订单生产方式"的订单管理流程，即与客户签订销售订单后再组织生产。该订单管理流程大体包括客户调查、接受样品及询价、客户认可、商定价格、正式接单等几个步骤。

3.1.7 发货管理

发货，就是商品交运，是指将企业生产的产品交到客户手中的过程。产品能否及时、安全准确地到达客户指定的地点，将直接影响到客户满意度，直接决定货款能否按时全额收回。一般来说，发货管理主要包括以下内容。

1. 备货

在合理控制订货的基础上,按时、按质、按量准备好应交的货物,就是做好发货的前提。

① 备货准备。根据合同规定的日期,及早与生产部门、供货部门联系,确定提货时间或安排库存商品进行加工整理。对于定制产品,在收到定金或客户提供一定的保证条件后,方可安排生产。

装运需发出的货物时,要注意核查产品品质、规格、花色搭配等。如发现产品质量问题,应及早研究解决;如发现数量短缺而合同中又不准分批装运或未签订溢短装条款的,应采取补货措施。由于在搬运过程中可能发生意外损坏,因而备货数量应留有余地,以免因部分货物损坏一时不能补齐而影响发货。

② 检查货物包装。对备运货物的包装材料、包装方法、包装质量等需要认真进行检查,做到既符合运输的包装要求,又符合合同的要求。

③ 刷制货物的标签和标志。如合同中有规定,备货时应按规定预先刷制标签和标志;如合同中未规定,应催促对方提货,并在接到客户通知后及时刷签。刷签时要注意图形和字迹清楚、位置醒目、大小适当。

2. 制单

根据合同规定和汇款、回函等情况,编制货物发运分析单。该单据是企业内部各个环节和外部各单位办理货物发运工作的联系单,它把发货各环节与各个部门的工作联系起来,使发运工作密切配合、顺利进行。发运工作各环节,如报检、报关、储运、投保、制单、结算等,均按货物发运分析单的要求办理。货物发运分析单的内容按合同有关条款逐项复核,以防出现差错。

因交易条件及各部门需要的不同,货物发运分析单一般一式数份,分送仓库、财务、报检、储运、投保、制单、结算等各部门。制单工作必须做到正确、完整、及时,单证要简明、整洁。

3. 检验货物

凡合同中规定必须出具检验证明的产品,在货物备齐和收到对方来函后,即向有关部门申请检验或法定检验。按合同要求,可以由商检机关检验,可以委托技术监督部门检验,也可以由买方或卖方自己检验。检验不合格的货物,一律不能发运。

4. 联系车船

没有车船计划,货物再齐也难以发走。特别是在运力紧张的情况下,车船问题是直接制约发货的关键。近年来,随着物流业的蓬勃发展,许多企业将联系车船业务外包给第三方物流。

5. 装车(船)

销售企业应在托运单位规定时间前组织人力把货物运至车站或货舱。车站(或船运公司)凭装货单核对验收货物,收货完毕后由车站(或船运公司)签发收货收据。所载货物如有损坏包装、件数短缺等情况,应立即进行调换或补缺。发货人凭收货收据及时向车站(或船运公司)换取正式提单并办理结算运费。铁路运单一般有五联:第一联正本和第五联货物到达通知,由铁路货运部门交给收货人;第二联运行报单;第三联运单副本,交给发货人;第四联货物交付单,由铁路部门交给到达站。

6. 投保

对于一笔销售业务来说,货物从销售企业交至买方手中,要经过一定距离的运输、装卸和储运。在此过程中,货物可能遇到自然灾害或意外事故,从而造成货物损失。为了保障货物发生损失后可以得到经济上的补偿,通常都要投保货物运输险,以达到转移风险的目的。投保时,由销售公司填具投保单,送交车船部门办理,一旦签发保险单,保险合同即生效。

7. 寄送装车(船)通知

货物装车(船)完毕并取得提单后,按惯例要把货物实际装车(船)情况用电传、电报、电子邮件或特快寄送单据副本的办法通知买方,以便买方了解装运情况,做好收货准备工作。如果货物由买方负责买保险,更应及时通知买方,以便及时办理投保手续。

3.1.8 客户关系管理

客户关系管理(customer relationship management,CRM),是一种商业策略,目标是通过优化面向客户的行动使企业获得最大化的商业成功。CRM 是一种旨在改变企业与客户关系的新型管理机制,实施于企业的市场营销、服务与技术等与客户有关的领域。它绝不仅仅是单纯的管理软件和技术,而是融入企业经营理念、生产管理和市场营销、客户服务等内容的以客户为中心的一种管理方法。

1. 客户的需求管理

20 世纪 70 年代,现代营销学专家们提出了需求结构理论。根据这一理论,客户需求结构由功能需求、形式需求、外延需求和价格需求 4 个部分组成,如图 3-2 所示。

① 功能需求是指客户对产品最基本的要求,可以分为 3 个方面:一是主导功能需求,产品的主导功能又称为产品的核心功能,决定了产品最基本的功能和效用;二是辅助功能需求,产品的辅助功能是指实现或展现产品主导功能的支持功能;三是兼容功能需求,产品的兼容功能是指除了产品的主导功能和辅助功能之外的特殊功能。

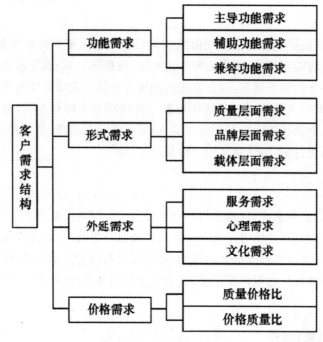

图 3-2　客户需求结构图

② 形式需求是指客户对产品实现功能的技术支持、物质载体以及表现形式的要求。客户对产品的形式需求又可以分为质量、品牌和载体 3 个层面的需求：质量层面需求是指客户对产品质量的核心要求，包括对产品的性能、可靠性、安全性和功能的实现程度等的要求；品牌层面需求是指客户在同类产品的众多品牌中对"名牌"的需求；载体层面需求是指客户对产品的物质结构、表现形式和外观的要求。

③ 外延需求是指客户对产品的功能需求和形式需求以外的附加功能的要求，主要分为 3 个方面的需求：一是服务需求，是指客户在整个购买决策过程中对服务的要求；二是心理需求，是指客户在整个购买决策过程中对满足心理报酬的要求；三是文化需求，是指客户对产品文化进而对企业文化的要求。

④ 价格需求是指客户将产品的质量与价值进行比较后对价格的要求。在分析客户的价格需求时，需要从质量与价值两个方面进行。客户价值图是一种功能非常强大的工具。通过绘制顾客价值图，企业可以清楚地了解自己及竞争对手的市场定位，有效地制订客户价值战略，为客户创造更大的感知价值，扩大企业销量。

2. 客户的商业价值分析

客户的商业价值即客户自身价值增值的能力，它是一定时期内某客户为企业带来的收益（即企业因客户与其建立客户关系而获得的收益）超过企业为其付出的客户成本（即企业用于吸引、获取、发展和保有该客户所付出的所有成本）的一种经济价值。

目前，人们对于客户商业价值的定量计算主要采取两类方法：一类是关键指标法，即根据某些关键指标确定客户商业价值的大小;另一类是综合评价法,即将多种指标结合起来综合评价客户商业价值的大小。

① 关键指标法。

关键指标法是指企业通过分析某些关键指标(如销售额或利润)来对客户进行排序,筛选出其中最有价值的客户。该方法可以比较准确地对客户价值进行计算,从而为企业考察客户关系提供量化的依据。该方法简便易行,受到了众多企业的青睐。目前,多数企业采用该法进行客户商业价值的评价。

② 综合评价法。

在关键指标法应用的过程中,人们发现客户除了购买活动产生的即有价值外,还存在着潜在价值、影响价值和学习价值,单凭一两项关键指标无法多方位地综合体现客户的价值。鉴于此,有些企业开始提出要建立一套全面的客户商业价值综合评价指标体系。该指标体系围绕着客户商业价值的几个部分,建立逻辑严密、相互联系、互为补充的体系结构。客户商业价值综合评价指标体系将反映客户即有价值、潜在价值、影响价值和学习价值等价值的多个单指标评价值用加权平均的方法综合成一个综合评价值,具有简明直观、结论明确、可操作性强的优点,其基本计算公式为:

$$CBV = \sum_{i=1}^{n} W_i v_i$$

$$\sum_{i=1}^{n} W_i = 1, \quad 0 \leqslant W_i \leqslant 1$$

其中,CBV 为被评价客户商业价值的综合评价值,v_i 为被评价客户的第 i 个单指标的评价分值,W_i 为被评价客户第 i 个单指标的权重值。由于不同行业、不同类型的特定企业同一指标的重要程度各不相同,因此该权重应由各企业根据自身的价值判断来确定。n 为指标体系中商业价值单指标的总数。

运用指标体系进行评价的关键在于评价指标体系建立的科学性和合理性,它是对客户商业价值进行准确评价的基础和前提,评价指标体系设置的好坏将直接关系到评价结果的准确全面性。在评价指标体系的基础上,企业可以进一步进行更加深入的数据分析和挖掘,最终实现客户商业价值排行和细分管理。

3. 客户信用管理

客户信用管理,是指企业在市场交易过程中制订信用管理政策,收集客户信息,评估客户信用并进行授信,保障债权和回收,以及处置应收账款等一系列控制客户信用风险的管理活动。

① 客户信用评估。

客户信用评估是企业或聘请信用评估机构在对客户进行全面考察分析的基础上,对其履行各种经济承诺的能力及其可信任程度所进行的综合分析和评价。客户信用评估的内容很多,但主要分为客户财务信息分析和客户非财务信息分析,如图3-3所示。

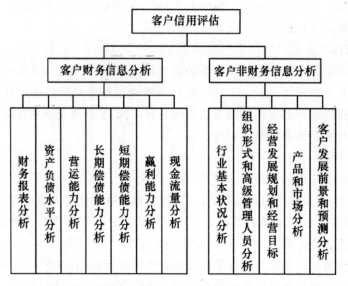

图 3-3　客户信用评估的内容

② 确定客户信用等级。

信用等级评定是授信者在认真研究客户信用信息档案、科学分析客户信用信息的基础上,对客户进行分类管理,合理授予不同客户信用赊销额度的管理活动。企业客户信用等级一般情况下设置为 A、B、C、D 四级。

A 级:表明该类企业赢利水平很高,短期和长期债务的偿还能力很强;企业经营处于良性循环状态;不确定因素对企业经营与发展的影响很小。

B 级:表明该类企业赢利水平中等,具有足够的短期和长期债务偿还能力;企业经营处于良性循环状态;不确定因素对企业经营与发展的影响较大,对企业的赢利能力和偿债能力产生较大的影响。

C 级:表明该类企业赢利水平中等偏下,甚至处于亏损状态,短期和长期债务的偿还能力较弱;企业经营状况不好。

D 级:表明该类企业处于严重亏损甚至是资不抵债的状态,短期和长期债务的偿还能力非常差;企业经营状况处在恶性循环中,处于破产状态。

③ 制订信用政策。

信用政策是企业与客户进行商业交往时用于控制客户信用风险的对策,也是企业对外开展信用交易的根本依据和操作指南。实际操作中,给予客户的信用政策主要体现在信用期限和信用额度两个方面。信用期限是企业为顾客规定的最长付款时间,较长的信用期限会吸引更多的客户,实现更高的销售额;信用额度又称信用限额,是指企业根据其经营情况和每一个客户的偿付能力规定允许给予客户的最大赊购金额。信用额度在一定程度上代表企业的实力,反映其资金能力以及对客户承担的可容忍的赊销和坏账风险。

④ 客户信用风险的动态监控。

企业在实施客户信用管理过程中,应当在一定的监督核查制度指导下规范地管理和控制客户风险,通常采用的措施有定期的客户资信调查、经常性的监督检查、客户信用等级的动态调整等。

3.1.9 销售分析与评估

1. 销售额分析

销售额分析,就是对企业全部销售数据进行研究和分析,比较和评估实际销售额与计划销售额之间的差距,为将来的销售工作提供指导。销售额分析包括市场占有率分析、总销售额分析和地区销售额分析、产品销售额分析等。

① 市场占有率分析。

市场占有率是指在一定的时期内,企业所生产的产品在其市场的销售量或销售额占同类产品销售量或销售额的比重。市场占有率分析是根据各方面的资料,计算出本企业某种产品的市场销售量占该市场同种商品总销售量的份额,以了解市场需求及本企业所处的市场地位。

② 总销售额分析。

总销售额是企业所有客户、所有地区、所有产品销售额的总和。这一数据可以显示一家企业的整体运营情况。总销售额分析比较简单,只需要近几年的年度销售额及企业覆盖地区的行业年度销售额,就可以得到企业的市场占有率。

③ 地区销售额分析。

只有总销售额分析,有时还显得粗糙,不能为企业管理层提供销售进程中的详尽资料,所以还需要按地区对销售额进行进一步的分析。

④ 产品销售额分析。

与按地区分析销售额一样,按产品系列分析企业销售额对企业管理层的决策也很有帮助。首先,选择需要分析的地区,为了获取较准确的信息,一般要求选择两个以上的地区。其次,将企业单个产品或产品系列的销售目标进行分列。再次,将企业实际完成的单个产品或产品系列的销售实绩对应分列。最后,比较单个产品或产品系列销售目标和销售实绩的差距,从中找到问题的所在。

2. 销售费用分析

销售费用,是指在销售过程中发生的、为实现销售收入而支付的各项费用,包括销售人员报酬、广告费用、公关费用、业务费用、售后服务费用和销售物流费用等。

① 推销费用率。

推销费用率即推销费用占销售总额的比率,计算公式如下:

$$推销费用率 = 推销费用/销售总额 \times 100\%$$

分析推销费用占销售总额的比率,以确定销售费用分配是否得当、结构是否平衡、效率是否优异,并分析其原因以求得改进。各行业推销费用率的标准不一,通常在10%～20%之间。

② 管理费用率。

管理费用率即管理费用与销售总额的比率,计算公式如下:

$$管理费用率=管理费用/销售总额\times 100\%$$

分析管理费用占销售总额的比率,以测定管理费用是否过高、有无浪费。各行业管理费用率的标准不一,通常在10%～20%之间。

③ 折旧费用率。

折旧费用率即折旧费用与销售总额的比率,计算公式如下:

$$折旧费用率=折旧费用/销售总额\times 100\%$$

分析折旧费用占销售总额的比率,以测定单位销售额需要多少折旧费用。各行业折旧费用率没有一定的标准,折旧费用率越低越好。

④ 人工费用率。

人工费用率即人工费用与销售总额的比率,计算公式如下:

$$人工费用率=人工费用/销售总额\times 100\%$$

分析人工费用占销售总额的比率,以测定单位销售额需花多少人工费用。人工费用率越低,则销售效率越高。

⑤ 利息率。

利息率即利息支出占销售总额的比率,计算公式如下:

$$利息率=利息支出/销售总额\times 100\%$$

分析利息支出占销售总额的比率,以测定单位销售额需支出多少利息。特别在企业负债经营时,需要分析利息率。

⑥ 交际费用率。

交际费用率即交际费用占销售总额的比率,计算公式如下:

$$交际费用率=交际费用/销售总额\times 100\%$$

分析交际费用占销售总额的比率,以测定单位销售额需花多少交际费用。交际费用率越低越好。

⑦ 广告费用率。

广告费用率即广告费用支出占销售总额的比率,计算公式如下:

$$广告费用率=广告费用/销售总额\times 100\%$$

3. 销售效率分析

① 销售队伍效率分析。

评估销售人员的效率的指标有:每个销售人员每天平均访问客户数、每一客户成交数额、现金回收率、应收账款回收率、客户平均访问费用、平均每次访问销售额、毛利目标达成率、销售目标达成率、每个时期的新发展顾客数、每个时期失去的客户数。

② 广告效率分析。

广告效率分析可采用销售额衡量法。这种方法就是实际调查广告前后的销售情况，以事前与事后的销售额之差作为评价广告效果的指标。计算公式为：

$$R=(S_2-S_1)/A$$

式中，R 为广告效率，S_1 为广告前的平均销售额，S_2 为广告后的平均销售额，A 为广告费用。

③ 分销渠道赢利能力分析。

企业可以通过分销渠道运行成本和反映分销渠道赢利能力的指标来考察分销渠道的赢利能力。分销渠道运行成本直接影响企业利润，主要包括推销费用、促销费用、仓储费用及其他费用。分销渠道运行成本直接影响分销渠道的经济效益。

反映分销渠道赢利能力的指标一般有销售利润率、资产收益率、净资产收益率、资产周转率及存货周转率。这些指标从不同角度反映了分销渠道的运行绩效情况，计算公式如下。

销售利润率＝本期利润/本期销售总额×100％
资产收益率＝本期利润/本期资产平均总额×100％
净资产收益率＝本期税后利润/本期资产平均总额×100％
资产周转率＝本期销售收入净额/本期资产平均总额×100％
存货周转率＝本期销售收入净额/本期平均存货余额×100％

3.2 实 训 任 务

3.2.1 销售管理部门团队构建与组织结构设计

【实训目的】

了解销售管理部门的业务情况、工作流程和工作职责，根据仿真环境设计出合理的组织架构图。

【任务类别】

现场任务。

【实训组织】

工商管理专业或者相关专业的指导教师1名。

学生可以按照4～6人进行分组。

【实训准备】

知识准备:了解销售管理和组织结构设计相关知识点。

物品准备:笔、纸张。

设备设施:跨专业综合实训软件平台。

【实习内容】

① 根据跨专业综合实训软件平台涉及的销售业务,完成销售管理部门的组织结构图设计。

② 根据业务清单进行岗位分工,并完成岗位职责说明书(见附录13)。

③ 销售管理部门负责人进行人员岗位分工,并完成人员分工明细表(见附录14)。

扫二维码,下载附录13。

扫二维码,下载附录14。

附录13

附录14

3.2.2 设计销售部门业务流程

【实训目的】

了解销售管理部门业务内容和管理需求,明确销售管理部门关键业务步骤和事项,根据仿真环境设计合理的销售管理部门日常业务流程图。

【任务类别】

现场任务。

【实习组织】

工商管理专业或者相关专业的指导教师1名。

学生可以按照4~6人进行分组。

【实训准备】

知识准备:了解业务流程设计相关知识点。

物品准备:笔、纸张。

设备设施:跨专业综合实训软件平台。

【实习内容】

① 根据跨专业综合实训软件平台涉及的销售业务,完成销售管理部门的业务流程图设计。

② 制订与流程相关的执行程序和工作标准。

3.2.3 设置销售目标和销售配额

【实训目的】
了解设置销售目标和销售配额的重要作用,掌握确定销售目标和销售配额的方法。
【任务类别】
流程岗位作业。
【实习组织】
工商管理专业或者相关专业的指导教师1名。
学生可以按照4~6人进行分组。
【实训准备】
知识准备:了解销售目标和销售配额设置相关知识点。
物品准备:笔、纸张。
设备设施:跨专业综合实训软件平台。
【实习内容】
① 根据跨专业综合实训软件平台仿真环境的具体情况,确定每季度销售目标。
② 根据跨专业综合实训软件平台仿真环境的具体情况,确定每季度各类产品或各销售区域的销售配额。

3.2.4 编制销售预算

【实训目的】
了解销售预算的作用,了解各项销售费用的构成,掌握销售费用水平的确定方法,掌握销售预算的编制方法。
【任务类别】
流程岗位作业。
【实习组织】
工商管理专业或者相关专业的指导教师1名。
学生可以按照4~6人进行分组。
【实训准备】
知识准备:了解销售预算管理相关知识点。
物品准备:笔、纸张。
设备设施:跨专业综合实训软件平台。
【实习内容】
① 根据跨专业综合实训软件平台仿真环境的具体情况,确定销售费用的构成项目。
② 根据跨专业综合实训软件平台仿真环境的具体情况,确定销售费用水平。

③ 根据跨专业综合实训软件平台仿真环境的具体情况,确定销售费用管理程序。

④ 根据跨专业综合实训软件平台仿真环境的具体情况,编制每季度销售预算。

3.2.5 销售订单管理

【实训目的】

了解客户订货工作流程,了解如何按客户需求编制销售订单,根据仿真环境设计出销售订单汇总表。

【任务类别】

流程岗位作业。

【实训组织】

工商管理专业或者相关专业的指导教师 1 名。

学生可以按照 4~6 人进行分组。

【实训准备】

知识准备:了解销售订单管理相关知识点。

物品准备:笔、纸张。

设备设施:跨专业综合实训软件平台。

【实训内容】

① 根据跨专业综合实训软件平台涉及的销售业务,填写销售订单汇总表(见附录12),记录客户所需产品、数量、规格型号以及交货时间。

② 查询客户订单资料,了解销售订单执行情况,跟踪销售工作进展情况。

扫二维码,下载附录12。

附录 12

3.2.6 发货业务

【实训目的】

了解销售发货业务流程,掌握销售发货环节各类单据的填制。

【任务类别】

流程岗位作业。

【实训组织】

工商管理专业或者相关专业的指导教师 1 名。

学生可以按照 4~6 人进行分组。

【实训准备】

知识准备:了解销售发货相关知识点。

物品准备:笔、纸张。

设备设施:跨专业综合实训软件平台。

【实习内容】
① 根据跨专业综合实训软件平台涉及的销售发货业务,设计销售发货流程。
② 根据跨专业综合实训软件平台涉及的销售发货业务,填写销售发票、发货单和出库单。
③ 设计并填制销售及发货统计表。

3.2.7　客户关系管理

【实训目的】
掌握根据具体产品分析客户需求结构的方法;能够有效区分客户商业价值,并实施不同的管理策略;能够对客户进行信用等级的划分,并制订不同的信用政策。

【任务类别】
流程岗位作业。

【实训组织】
工商管理专业或者相关专业的指导教师1名。
学生可以按照4～6人进行分组。

【实训准备】
知识准备:掌握客户需求结构、客户商业价值分析和客户信用管理相关知识点。
物品准备:笔、纸张。
设备设施:跨专业综合实训软件平台。

【实习内容】
① 分析客户需求结构。
② 分析客户商业价值。
③ 划分客户信用等级。

3.2.8　销售分析与评估

【实训目的】
掌握市场占有率分析、总销售额分析、地区销售额分析和产品销售额分析的技能;掌握销售人员费用控制的方法;能够针对具体的销售业务,就其销售队伍效率、广告效率和分销渠道赢利能力进行初步分析。

【任务类别】
流程岗位作业。

【实训组织】
工商管理专业或者相关专业的指导教师1名。
学生可以按照4～6人进行分组。

【实训准备】
知识准备:了解销售分析与评估相关知识点。

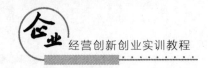

物品准备:笔、纸张。

设备设施:跨专业综合实训软件平台。

【实习内容】

① 根据跨专业综合实训软件平台的仿真业务环境,对本企业的市场占有率、总销售额和产品销售额进行评估和分析。

② 根据跨专业综合实训软件平台的仿真业务环境,制订销售费用控制策略。

③ 根据跨专业综合实训软件平台的仿真业务环境,对本企业的销售队伍效率、广告效率和分销渠道赢利能力进行分析和评估。

第 4 章 生产管理岗位实训

学习目标
1. 了解生产管理部门职能;
2. 掌握生产管理部门组织架构设计与岗位职责分析;
3. 掌握生产计划的编制方法;
4. 掌握新产品开发的流程;
5. 掌握产能计算的方法;
6. 掌握仓库管理的内容和流程。

重点、难点
生产管理部门组织架构设计与岗位职责分析、生产计划的编制、产能的计算。

4.1 业务概述

4.1.1 生产管理部门职能

① 参与制订公司发展战略与年度经营计划。
② 组织制订并实施生产战略规划。

③ 主持制订、调整年度生产计划及总预算。

④ 按工作程序做好与技术、营销、财务部门的横向联系。

⑤ 领导建立和完善质量管理制度,组织实施并监督、检查生产质量体系的运行。

⑥ 随时掌握生产过程中的质量状态,协调各部门之间的沟通与合作,及时解决生产中出现的问题。

⑦ 组织新技术、新工艺、新设备的应用推广。

⑧ 组织落实、监督调控生产过程各项工艺、质量、设备、成本、产量指标等。

⑨ 领导、管理工厂维护部门对工厂基础设备进行维护,保证生产现场能够正常生产,设备处于良好状态。

⑩ 综合平衡年度生产任务,制订下达月度生产计划,做到均衡生产。

4.1.2 生产管理部门组织架构设计与岗位职责

生产管理部门的组织架构设计如图4-1所示。

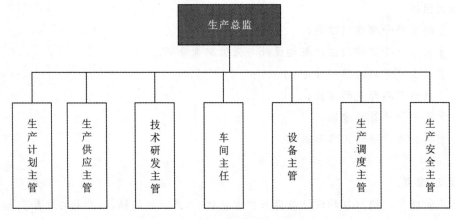

图 4-1 生产管理部门的组织架构

1. 生产总监岗位职责

① 根据月度生产计划制订生产的周计划和日计划,进行合理的生产日程安排,并监督生产计划的实施。

② 按照已制订的工艺流程组织生产,经批准后组织工艺流程的改进工作。

③ 负责安排生产物资的调度,负责安排各生产班组的总体人员数量,调配人员比例。

④ 了解各车间人员配置情况、人员流动动向,提前安排人员进行上岗培训。

⑤ 监督、检查各车间生产计划的执行情况,解决、汇报生产过程中的异常问题。

⑥ 组织进行生产过程中各参数的统计及生产跟踪,收集、整理、分析与生产有关的各项基础数据,为生产决策提供依据。

⑦ 负责生产过程各环节的质量控制、质量问题处理及品质改善,分析、解决工艺问题。

⑧ 负责控制生产原料、生产物资的质量和消耗,针对存在的问题制订改进措施。
⑨ 合理设计设备负荷,合理调配生产,提高设备的利用率。

2. 生产计划主管岗位职责

① 分析、报告生产计划的执行结果,不断提高生产计划的合理性和准确性。
② 协调各车间的生产能力,以保证均衡生产。
③ 及时了解本部门大中修、技改情况和新产品开发情况,并根据产品需求计划制订年度及月度生产计划。
④ 负责制订生产物料的需求计划。
⑤ 与销售、采购等环节进行协调,保证生产所需物料的供应。
⑥ 下达生产指令,进行跟踪和指导,根据需求计划的变更及时调整生产计划。
⑦ 受理生产订单,进行生产安排,并加以跟踪和指导。

3. 生产供应主管岗位职责

① 根据生产或工程进展,具体编制各种年度、季度、月度的采购供应计划和用款计划,在批准后协助落实执行。
② 根据审核批准的每月原辅材料供应清单和用款计划,与财务部及时协调,确保采购款及时到位。
③ 定期了解原辅材料库存情况,以及生产和销售情况;适时提出或修改下期采购计划,避免进料积压或进料短缺的现象。
④ 负责采购物资原始发票、收料凭证、质检证明及付款结算单据等整理登记入账工作,进行统计和核查,发现问题及时上报。
⑤ 及时与采购员、保管员核对到达、在途物料的价格、数量、总价,不断清理应付、应退和预付款项目,每月结清进、出、存明细账,做好统计报表。
⑥ 具体了解、收集生产资料市场的供求状况、价格走向及消耗定额等信息,考察本企业物料损耗水平,提出改进采购建议。
⑦ 督促和配合保管员定期对物料仓库盘点清查,发现账、物、卡不符时,找出原因予以调账或上报处理。

4. 技术研发主管岗位职责

① 组织成立新产品开发小组,监督新产品的日常管理工作,发现问题及时解决。
② 收集、整理与研究行业信息,做好新产品开发的可行性论证、立项。
③ 根据企业的业务规划、市场需求、资源情况,制订新产品研发计划。
④ 参与各开发小组工作难点技术攻关,协调各攻关小组的技术攻关工作。
⑤ 协调销售部、采购部与各开发小组之间的信息沟通,不断地改进新产品。
⑥ 协调各开发小组的关系,增加彼此的配合与协作,不定期召开协调会。

⑦ 拟订企业科技攻关项目,组织编制省、市科技攻关计划申请书。

⑧ 编制、修订新产品、新技术改造管理制度。

5. 车间主任岗位职责

① 负责组织计划和指挥车间按品种、数量、质量、期限全面完成上级下达的生产任务。

② 贯彻车间经济核算制,加强定额管理,厉行节约,降低消耗和成本,减少物资储备,节约资金占用。

③ 保证设备完好,组织技术革新和改造,提高技术装备水平。

④ 根据作业计划,开展生产工作、监控产品质量,确保产品按时、按质、按量交货。

⑤ 合理调配人力资源,调整生产布局,安排、调整生产能力,提高生产效率。

⑥ 负责车间各班组的生产管理,监督、检查各班组、各工序的生产进度和计划完成情况。

⑦ 负责员工的管理、教育、培训,配合人力资源部进行考核、奖惩。

⑧ 实施标准生产作业方法,填报标准生产能力表。

⑨ 改善生产制造的方法,研究提高生产效率的对策。

⑩ 做好生产成本控制工作,做好每个月的成本核算分析工作。

6. 设备主管岗位职责

① 制订设备管理的各项制度,保证生产设备的正常运行。

② 收集国内外相关生产设备资料信息,为设备引进、改造提供决策依据。

③ 负责企业所有设备的档案资料整理及保管工作,建立设备台账。

④ 负责设备运行的日常检查,发现问题及时处理,防患于未然。

⑤ 负责设备维护的检查,协调处理维修工作,主持各类维修任务,推动各类维修任务的完成。

⑥ 组织生产事故的抢修,尽快恢复生产,尽量减少损失。

⑦ 协助制订设备大修、技改、扩容等各项工作的工作方案,并组织实施。

⑧ 按照各类设备的情况按时组织设备的保养工作。

7. 生产调度主管岗位职责

① 以生产调度为核心,建立与各职能部室、车间主任及生产班组长相连接的生产调度指挥系统,按程序分层次地组织、协调、指挥生产。

② 以集中统一指挥为原则,对公司生产实行全面管理,坚持二十四小时倒班,每班一人,调度人员必须坚持深入现场协调解决生产中出现的有关问题。

③ 生产情况紧急或有必要时,有权调度公司范围内的人力、物力、车辆等进行生产急救。

④ 根据新产品试制计划和生产技术准备综合计划,负责编制本部门生产技术准备计划,并组织检查落实。

⑤ 负责生产管理及协调各车间的生产平衡、物料平衡、动力平衡,以及供、产、销平衡,负责安排阶段性生产任务及临时生产任务,并组织实施。

⑥ 负责监督、检查过程控制中产品及成品的标识与追溯的执行情况,负责监督、检查、考核公司的总值班制、交接班制、巡回检查制等各项制度的执行情况。

8. 生产安全主管岗位职责

① 制订车间生产安全管理制度及责任管理规定,并对其执行情况进行监督。
② 建立车间生产安全管理组织网络,确保生产安全。
③ 组织安全监察员对生产作业过程进行安全检查,确保生产操作人员按安全生产操作规程进行现场操作。
④ 组织员工参加生产安全培训,并对培训效果进行考核。
⑤ 及时发现并妥善处理在安全检查中发现的安全隐患。
⑥ 及时发现并处理生产过程中发生的安全问题,配合相关部门及人员做好调查、取证工作。
⑦ 负责各类安全设施的采购、调拨使用及登记工作。
⑧ 制订安全设施检查保养计划,组织相关人员定期对安全设施的性能进行检查,并对安全设施进行维护与保养。

4.1.3 生产计划及其编制

生产计划是关于企业生产运作系统总体方面的计划,是企业在计划期应达到的产品品种、质量、产量和产值等生产任务的计划和对产品生产进度的安排。它反映的并非某几个生产岗位或某一条生产线的生产活动,也并非产品生产的细节问题以及一些具体的机器设备、人力和其他生产资源的使用安排问题,它是指导企业计划期生产活动的纲领性方案。

生产计划一方面要满足客户要求的三要素"交期、品质、成本";另一方面又要使企业获得适当利益,对生产的三要素"材料、人员、机器设备"进行适切的准备、分配及使用。

生产计划的任务主要包括:
① 保证产品交货日期与生产量;
② 使企业维持同其生产能力相称的工作量(负荷)及适当开工率;
③ 作为物料采购的基准依据;
④ 将重要的产品或物料的库存量维持在适当水平;
⑤ 对长期增产计划、工作人员与机械设备做补充安排。

生产计划的内容主要包括:
① 生产什么东西——产品名称、零件名称;
② 生产多少——数量或重量;
③ 在哪里生产——部门、单位;

④ 要求什么时候完成——期间、交期;
⑤ 什么时候开始生产。

生产计划的用途主要包括:
① 是物料需求计划的依据;
② 是产能需求计划的依据;
③ 是制订其他相关计划的依据。

按时间分类,生产计划可分为长期计划、中期计划和短期计划;按不同层次分类,生产计划可分为综合计划、主生产计划和车间作业计划;按类别分类,生产计划可分为进度计划、设备计划和资源计划。以下主要介绍主生产计划的编制方法。

主生产计划是以客户销售订单和市场预测为需求数据源,以企业生产的产品为对象,说明什么时间生产什么产品以及生产多少的计划安排,即计划企业应该生产的最终产品或关键物料的需求数量和完工日期,以及规划供应数量与开工时间,并在生产需求和可用资源之间进行平衡。

主生产计划本质上是一种先期生产计划,它是计划系统中的关键环节。一个有效的主生产计划是生产对满足客户需求的一种承诺,它充分利用企业资源,协调生产与市场,实现生产计划大纲中所提出的企业经营目标。

编制主生产计划的基本思路,可表述为以下程序。
① 根据生产规划和计划清单确定对每个最终项目的生产预测。
② 根据生产预测、已收到的客户订单、配件预测以及该最终项目作为非独立需求项的需求数量,计算毛需求量。
③ 根据毛需求量及事先确定好的订货策略和批量、安全库存量、期初库存量,计算各时区的主生产计划产出量和预计可用库存量。
④ 计算可供销售量,供销售部门决策选用。
⑤ 用粗能力计划评价主生产计划备选方案的可行性。
⑥ 评估主生产计划。
⑦ 批准和下达主生产计划。

4.1.4 新产品开发

新产品开发是在企业经营战略指导下进行的。企业经营战略指明了企业的经营方向,规定了产品规划的原则。通过生产与运营管理,实施对产品的设计和制造,最后才能实现企业的战略意图。新产品开发工作需要根据市场需求对产品系列、产品功能、产品质量特性、产品成本、产品发展的步骤等作出决策。

新产品开发对企业具有特别重要的意义。从表面上看,企业是围绕着产品转的,不断地重复着从制造产品到销售产品的过程。但是,制造与销售产品不是企业的最终目的,企业最终是为了生存,为了创造财富。考虑到产品是企业竞争力的载体这层含义,新产品开发对于企业的生存来说是至关重要的。这具体体现在以下几个方面。

① 巩固与扩大市场占有率。

每种产品都有生命周期。产品的生命周期或长或短,视不同产品不同市场而定。产品的生命周期与社会经济发达的程度有关,直接受市场需求的变化速度和市场竞争程度的影响。现代社会的需求呈现出多样化的趋势,科学技术呈加速发展,两者结合的必然结果就是企业开发产品的速度加快了,产品的生命周期变短了,一个产品一种型号能在市场上经久不衰已不可能了。在市场上,谁开发产品快,谁就掌握了市场的主动权,就能在竞争中处于有利地位。反之,则处于不利地位,面临失去市场的危险。因此,企业必须审时度势,不失时机地推出已有市场的替换产品,以巩固市场。此外,市场需求是分层次的,对同一种产品,不同的消费群体表现出不同的需求,企业可以通过开发系列产品来满足各种消费群体,以扩大市场。

② 开拓新的经营领域。

企业的经营规模也是企业竞争力要素之一,企业在单一产品方向上开发新产品和系列产品是可以扩大生产规模的。但是,单一产品的市场容量毕竟是有限的,这样就会限制企业的发展,这就需要企业通过开发另一种产品进入新的领域,寻求新的发展空间。

此外,开拓新的经营领域还可以提高企业抵御市场风险的能力。在市场经济中,各种商品的发展程度是不平衡的,并且具有很大的不确定性,有的产品可以有较长时间的稳定的需求,而有的产品的市场需求却十分短暂。开发新的产品,进入新的领域,拓宽经营范围,可以有效降低经营风险。

③ 调整结构,适应需求。

社会消费的发展趋势是从单一到多样,从低层次到高层次,消费的重心也会随着社会经济发展水平的提高而转移。企业增强新产品开发能力,可以使企业跟随消费重心的转移,及时开发各类产品,进入各类市场,避免产品雷同,掌握竞争的主动权,同时实现企业经营结构的调整。

新产品开发是一个从产生概念产品开始到制造出成品为止的完整过程。图 4-2 描绘了新产品开发全过程,它包括概念产品形成阶段、产品设计阶段和加工制造阶段。从图 4-2 中可以看出,新产品开发以市场为始点,又以市场为终点。从市场需求中产生出新产品的概念,称为概念产品,它可以是存在于头脑中关于产品的种种想法,也可以是关于产品的文字描述。经过产品设计活动,将概念转化成工程图纸,再加工成产品送入市场,满足市场需求。但是,新产品的开发过程并未就此结束,还有一个反馈过程,需要根据市场的反馈信息进一步改进产品,完善性能,提升质量。因此,新产品开发是一个周而复始的动态过程。

4.1.5 生产物料管理

生产物料管理的目标主要包括:
① 使物料规格标准化,减少物料种类,有效管理物料规格的新增与变更;
② 适时供应生产所需的物料,避免停工待料;

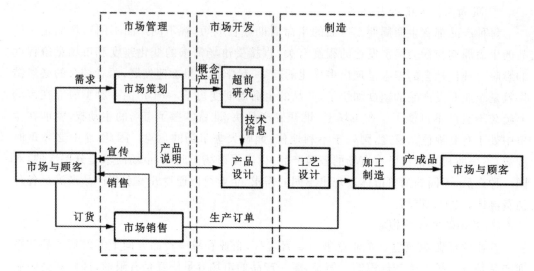

图 4-2　新产品开发流程

③ 适当管制采购价格，降低物料成本；
④ 确保来料品质良好，并适当地管制供货商；
⑤ 有效率地收发物料，提高工作人员的效率，避免呆料、废料的产生；
⑥ 使物料存量适当，减少资金的积压；
⑦ 可考核物料管理的绩效；
⑧ 充分地利用仓储空间。

采用不同的分类方法，可以将物料分成不同的类别。物料主要有 5 种分类方法，具体如下。

① 根据功用进行分类。根据功用进行分类，可以将物料分为主要材料与辅助材料。主要材料是构成制成品最主要的部分，而辅助材料多半配合主要材料的加工而附属于制成品上。

② 根据形态进行分类。根据形态进行分类，可以将物料分为素材与成型材。素材是仍需加工的材料，它又分为料材与粗型材。成型材为已加工的材料，它又分为配件、零件、组合件。

③ 根据成本进行分类。根据成本进行分类，可以将物料分为直接材料与间接材料。直接材料是直接用于产品制造的材料，其消耗与产品的产量成正比，如用于制造马达的铸件。间接材料是间接用于产品制造的材料，其消耗不一定与产品的产量成正比。辅助材料有时亦包括间接材料。

④ 根据调度方法进行分类。根据调度方法进行分类，可以将物料分为公司外部调度的第一次材料与公司内部调度的第二次材料。公司外部调度的第一次材料系指公司内购、外购的材料与外加工的材料。公司外部调度的第二次材料系指规模较大的公司内部部门很多，由一个部门调度至另一部门的材料。

⑤ 根据准备方法进行分类。根据准备方法进行分类，可以将物料分为常备材料和

非常备材料。对于常备材料,需根据存量控制原理,定期采购一定的数量作为储备,以满足生产需要。对于非常备材料,即非凡材料、不常常使用或使用量少等材料,应根据生产计划来决定是否采购。

4.1.6 生产进度控制

生产进度控制,又称生产作业控制,是在生产计划执行过程中,对有关产品生产的数量和期限的控制。它的主要目的是保证完成生产计划所规定的产品产量和交货期限指标。生产进度控制是生产控制的基本方面,狭义的生产控制就是指生产进度控制。

生产进度控制的基本内容主要包括投入进度控制、工序进度控制和出产进度控制,基本过程主要包括分配作业、测定差距、处理差距、提出报告等。

生产进度控制贯穿整个生产过程,从生产技术准备开始到产成品入库为止的全部生产活动都与生产进度有关。习惯上人们将生产进度等同于出产进度,这是因为客户关心的是能否按时得到成品,所以企业也就把注意力放在产成品的完工进度,即出产进度上。

生产进度控制的目的在于依据生产计划,检查零部件的投入和出产数量、出产时间和配套性,保证产品能准时装配出厂。

供应链环境下的进度控制与传统生产模式的进度控制不同,因为许多产品是协作生产的和转包的业务,和传统的企业内部的进度控制比较来说,进度控制的难度更大,必须建立一种有效的跟踪机制进行生产进度信息的跟踪和反馈。生产进度控制在供应链管理中有重要作用,因此必须研究建立供应链企业之间的信息共享机制和快速反应机制。

完整的生产进度控制内容主要包括四个方面。

① 投入进度控制。这个在产品生产中一般是指对产成品的投入日期、数量及对原材料、零部件投入提前期的控制。没有投入,就没有产出,进度计划完不成常常与投入进度失控有关,投入进度控制是生产进度控制的第一个环节。

② 工序进度控制。工序进度控制是指对产品(零部件)在生产过程中经过的每道加工工序的进度控制。在成批单件生产条件下,加工中心加工的零件种类多,工艺、工序不固定,因此,只控制投入和产出是不够的,还须控制工序进度。对于那些加工周期长、工序多的产品(零部件),更是需要进行工序进度控制。一般按工票和加工路线单进行工序控制。在大量生产条件下,生产连续性强,每个加工中心都固定加工一种或几种零件,一般通过控制制品数量来实现工序进度控制的目的。

③ 出产进度控制。出产进度控制是对成品的出产日期、出产数量的控制,还可以包括对产品的配套控制和品种出产均衡性的控制。

④ 生产设备控制。生产设备无故障性与产品生产是同步的。

在生产进度控制中,还涉及一些非生产因素,包括部门协同性、数据共享性。例如,一个订单的生产计划周期大于 2 个月时,企业员工的工作积极性、情绪、受个人身体状况影响的疲劳警报线等也是不容忽视的潜在因素。

影响生产进度的主要因素如下。

① 设备故障：设备故障，尤其是关键设备的故障。
② 停工待料：供应不及时、前后工序衔接不好。
③ 质量问题：设备精度下降、材料问题、工人的人为因素、加工工艺等问题，导致废品率高于标准水平。
④ 员工缺勤：因生病或家庭的、社会的、自然的突发事件导致的员工缺勤。

保障生产进度正常的主要措施有：① 以库存应万变；② 抢修设备；③ 加班；④ 培养多能工。

4.1.7 仓库管理

仓库管理也叫仓储管理，简称 WM，指的是对仓储货物的收发、结存等活动的有效控制。它的目的是保证企业仓储货物的完好无损，确保生产经营活动的正常进行，并在此基础上对各类货物的活动状况进行分类记录，以明确的图表方式表达仓储货物在数量、品质方面的状况，目前所在的地理位置、部门，以及订单归属和仓储分散程度等情况。

仓储的目的是满足供应链上下游的需求。这与过去仅仅满足客户的需求在深度与广度方面都有重大区别。谁委托，谁提出需求，谁就是客户。客户可能是上游的生产者，也可能是下游的零售业者，也可能是企业内部某部门，但仓储不能仅仅满足直接客户的需求，还应满足间接客户，即客户的客户的需求；仓储应该融入供应链上下游之中，根据供应链的整体需求确立自身的角色定位与服务功能。

仓储管理的主要内容如下。
① 订货、交货。
② 进货、交货时的检验。
③ 仓库内的保管、装卸作业。
④ 场所管理。
⑤ 备货作业。

不同的仓库因所储存物品不同遵循不同的管理原则，如食品类仓库、产品类仓库、工业设备类仓库等仓库遵循的管理原则是不同的。仓储管理的一般原则主要有以下几项。

① 面向通道进行保管。为使物品出入库方便，容易在仓库内移动，基本条件是将物品面向通道保管。

② 尽可能地向高处码放，提高保管效率。为有效利用库内容积，应尽量向高处码放；为防止破损、保证安全，应当尽可能使用棚架等保管设备。

③ 根据出库频率选定位置。出货和进货频率高的物品应放在靠近出入口、易于作业的地方；流动性差的物品应放在距离出入口稍远的地方；季节性物品则应依其季节特性来选定放置的场所。

④ 同一品种在同一地方保管。为提高作业效率和保管效率，同一物品或类似物品应放在同一地方保管。员工对库内物品放置位置的熟悉程度直接影响着出入库的时间，将类似的物品放在邻近的地方也是提高效率的重要方法。

⑤ 根据物品重量安排保管的位置。安排放置场所时,应该把重的东西放在下边,把轻的东西放在货架的上边,需要人工搬运的大型物品则以腰部的高度为基准。这对于提高效率、保证安全来说是一项重要的原则。

⑥ 依据形状确定保管方法。依据物品形状来保管也是很重要的。

⑦ 依据先进先出的原则保管。保管重要的一条是对于易变质、易破损、易腐败的物品要小心存放;对于机能易退化、老化的物品,应尽可能按先入先出的原则,加快周转。

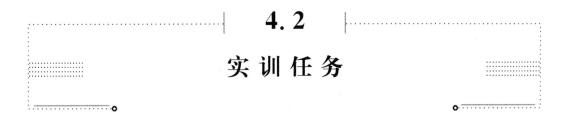

4.2 实训任务

4.2.1 生产管理部门团队构建与组织结构设计

【实训目的】

了解生产管理部门的业务情况、工作流程和工作职责,根据仿真环境设计出合理的组织结构图。

【任务类别】

现场任务。

【实训组织】

工商管理专业或者相关专业的指导教师1名。

学生可以按照4~6人进行分组。

【实训准备】

知识准备:掌握生产管理部门的情况,同时对组织结构设计知识有一定的了解。

物品准备:笔、纸张。

设备设施:跨专业综合实训软件平台。

【实训内容】

① 根据跨专业综合实训软件平台涉及的生产业务,完成生产管理部门组织结构图。

② 根据业务清单进行岗位分工,并完成岗位职责说明书(见附录13)。

③ 生产管理部门负责人进行人员岗位分工,并完成人员分工明细表(见附录14)。

扫二维码,下载附录13。

扫二维码,下载附录14。

附录 13　　　　附录 14

4.2.2　新产品研发

【实训目的】

了解新技术发展动向和市场需求动向,根据企业战略和财务情况作出新产品研发决策。

【任务类别】

流程岗位作业。

【实训组织】

工商管理专业或者相关专业的指导教师 1 名。

学生可以按照 4～6 人进行分组。

【实训准备】

知识准备:了解新产品开发对于企业的重要性,以及新产品开发的流程和制度。

物品准备:笔、纸张。

设备设施:跨专业综合实训软件平台。

【实训内容】

① 设计产品研发管理流程。

② 在研究市场需求和竞争对手的基础上,进行新产品开发决策。

4.2.3　编制生产计划

【实训目的】

树立按需生产、推拉结合的生产管理理念,掌握生产计划和物料需求计划编制的原理和方法。

【任务类别】

流程岗位作业。

【实训组织】

工商管理专业或者相关专业的指导教师 1 名。

学生可以按照 4～6 人进行分组。

【实训准备】

知识准备:了解按需生产的管理理念,以及主生产计划和物料需求计划编制的原理和方法。

物品准备:纸、笔。

设备设施:跨专业综合实训软件平台。
【实训内容】
① 编制生产计划。
② 编制物料需求计划。

4.2.4　产能管理

【实训目的】
了解产能管理的含义,理解产能管理的作用,掌握产能管理的步骤和方法。
【任务类别】
流程岗位作业。
【实训组织】
工商管理专业或者相关专业的指导教师1名。
学生可以按照4~6人进行分组。
【实训准备】
知识准备:了解产能管理的相关知识。
物品准备:纸、笔。
设备设施:跨专业综合实训软件平台。
【实训内容】
① 根据主生产计划和物料需求计划计算生产负荷。
② 根据仿真企业生产线情况,计算本企业的生产能力,填写生产情况汇总表(见附录15)。
③ 比较负荷和生产能力数据,并对主生产计划和物料需求计划作出相应调整。
扫二维码,下载附录15。

附录15

4.2.5　生产业务

【实训目的】
了解企业生产业务的流程,理解生产订单的作用,掌握生产订单管理的操作。
【任务类别】
流程岗位作业。
【实训组织】
工商管理专业或者相关专业的指导教师1名。
学生可以按照4~6人进行分组。
【实训准备】
知识准备:了解企业生产业务的相关知识。

物品准备:纸、笔。
设备设施:跨专业综合实训软件平台。
【实训内容】
① 根据生产计划和物料需求计划编制生产订单和生产订单领料单。
② 按生产订单领料。
③ 制品完成后进行产成品入库,并填写产成品情况汇总表(见附录16)。
扫二维码,下载附录16。

附录16

4.2.6 物料清单维护

【实训目的】
理解物料清单的作用,掌握物料清单的相关概念和基本操作。
【任务类别】
流程岗位作业。
【实训组织】
工商管理专业或者相关专业的指导教师1名。
学生可以按照4~6人进行分组。
【实训准备】
知识准备:了解物料清单的相关知识。
物品准备:纸、笔。
设备设施:跨专业综合实训软件平台。
【实训内容】
① 建立企业所有产品的物料清单。
② 对建好的物料清单进行逻辑查验。

第 5 章 采购管理岗位实训

学习目标
1. 了解采购管理部门职能;
2. 掌握采购管理部门组织架构设计与岗位职责分析;
3. 掌握采购计划的编制方法;
4. 掌握供应商分类、评估、选择的方法;
5. 掌握采购合同管理的方法;
6. 掌握采购成本控制的方法。

重点、难点
采购管理部门组织架构设计与岗位职责分析、采购计划的编制、供应商管理。

5.1 业务概述

5.1.1 采购管理部门职能

① 了解所负责物料的规格型号和相关标准,并对采购订单的要求、交期进行掌控。
② 熟悉所负责物料的市场价格,了解相关物料的市场来源,降低采购成本,每月提交

原材料价格跟踪情况表及市场调查报告。

③ 遵循适价、适时、适量的采购原则，组织工程和品管人员对供应商进行评审和考核，并及时更新相关的合格供应商一览表。

④ 适时、适量采购原材料，确保生产顺利进行，并做好物料交货异常信息反馈日报表。

⑤ 对重点物料进行重点跟进并及时处理物料异常情况。

⑥ 积极跟踪供应商品质改善，将供应商回复的结果及时反馈到品管部。

⑦ 追踪外协加工产品全部回仓及跟进外协余料库存情况。

⑧ 跟催相关部门对样品的确认结果并在当日内回交供应商。

⑨ 跟进跟单员的日常事务，并做好每日的日清工作。

⑩ 协助财务中心做好对账工作。

5.1.2 采购管理部门组织架构设计与岗位职责

采购管理部门的组织架构和职责设计的适宜性直接影响企业的采购效率、成本、质量和风险。为了提高采购效率和质量，降低采购成本和风险，对采购管理部门应该设立合理的组织结构。采购管理部门的组织结构如图5-1所示。

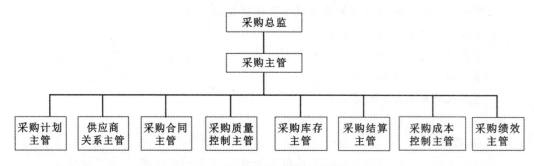

图 5-1 采购管理部门组织架构图

1. 采购总监岗位职责

① 根据企业管理要求和采购战略建立健全采购管理制度，并监督采购管理制度的执行情况。

② 组织实施物料供应市场的调研与预测，审批年度采购预算和采购计划。

③ 监督采购计划的执行情况，审核采购部门内部各岗位工作计划，并监督落实。

④ 做好市场调研，开发合格的供应商，负责组织对供应商进行全面评价，对不合格的供应商提出处理意见。

⑤ 主持采购招标、合同评审工作，对采购物资的种类和价格进行审核，签订采购合同，检查采购合同的执行与落实情况，建立合同台账。

⑥ 审核采购成本控制目标和计划，监督采购预算管理，审核采购订单和物资调拨单，严格控制采购成本费用。

⑦ 负责采购各部门的日常管理工作,明确采购系统相关人员的工作职责,筛选并任用采购主管、专员级别的人员,负责与其他部门进行协调。

⑧ 负责采购管理部门人员的考核管理工作,监督及检查各采购部门执行岗位工作职责和行为动作规范的情况,在授权范围内核定员工的升职、调动、任免等。

2. 采购主管岗位职责

① 协助采购总监制订采购制度和采购流程,编制采购预算,控制采购费用。

② 在采购总监的指导下,根据各部门采购需求计划编制采购部门工作计划,并监督其实施情况。

③ 指导进行供应商调查与考核,做好供应商维护工作,协助采购总监及时处理不合格供应商。

④ 主持签订小额采购合同,对大额采购合同进行评审并交由采购总监签订。

⑤ 组织及协调各部门做好采购物资的接收及检验工作,发现不合格物资应及时联系供应商,并进行相应处理。

⑥ 组织实施各类采购成本控制措施,核定采购订货量、订货费用、库存水平等。

⑦ 协助采购稽核人员开展检查工作,监督采购人员的职业行为,防止出现受贿、串标等腐败事件。

3. 采购计划主管岗位职责

① 接收各部门上交的请购单,审核并汇总各部门的请购需求,确定物资总需求。

② 根据企业经营发展战略及销售、生产计划,组织制订年度、季度、月度采购总体计划,并对其进行分解。

③ 汇总企业物资材料的月度申购计划,结合年度计划制订详细的月度采购计划。

④ 监控采购计划的执行并协调计划进度,组织编制增补计划或临时计划。

⑤ 根据生产、销售的实际情况随时调整供货商。

⑥ 定期向上级汇报采购计划执行情况及存在的问题。

4. 供应商关系主管岗位职责

① 负责供应渠道的开发,并根据企业的发展需要拟订供应商开发计划,经审核批准后监督执行。

② 了解供应商的生产流程和关键控制点,协助解决生产过程中质量控制方面的问题,避免出现不良品。

③ 协调采购部门内部及与其他部门的关系并保证各项信息能够及时沟通。

④ 维护和发展与重要供应商的关系,掌握供应商的发展变化情况,并定期上报部门领导。

⑤ 紧密配合供应商工作,迅速解决供应商产品的质量、交期问题,并不断提高采购质量。

⑥ 积极创建符合公司发展需求的供应链条，扩大全国的供应商开发范围，并拟订考核机制。

⑦ 负责建立供应商评价、分级体系，并对其进行月度、季度、年终考核的评审及淘汰。

⑧ 定期参与采购合同及采购过程的成本分析与审核。

5. 采购合同主管岗位职责

① 建立采购价格和采购合同管理体系，为实施采购建立执行、监控机制。

② 制订采购合同管理制度、采购价格管理制度、谈判制度及相关流程、规范，并按照规范指导工作。

③ 编制和统一采购合同范本。

④ 负责合同谈判、合同签署以及合同执行工作。

⑤ 检查合同执行情况，预测合同履行风险，并制订风险防范措施。

⑥ 指导谈判资料、价格资料以及合同文件的整理、汇总和归档工作。

⑦ 完成上级交办的其他工作。

6. 采购质量控制主管岗位职责

① 参与制订各类采购物资质量检验标准和质量检验规范，并监督落实。

② 参加采购计划会议，提出采购物资的供应商质量保证条款。

③ 参与编制各类采购物资的质量检验方案并组织实施。

④ 妥善处理所购物资出现的质量异常情况，提出处理意见。

⑤ 负责组织检验仪器、量规和试验设备的管理和保养工作，建立并更新仪器设备档案。

⑥ 对各类购进的物资规格、质量提出改善意见或建议。

⑦ 对供应商交货质量情况进行整理、分析和评价，评定供应商的质量保证能力，提出改善建议。

7. 采购库存主管岗位职责

① 通过对物资的分析，确定需库存及无需库存的物资，确定库存的规模、周转率和分布情况，减少库存持有成本。

② 负责确定正确的订货方法，确定库存的再订货点、订货周期和每次的订货量。

③ 负责根据生产部门的生产计划和销售部门的销售计划，正确做出库存的需求预测，避免因为缺货而产生损失。

④ 按照物资的重要性合理地控制库存量，将物料按照战略重要程度分为 A、B、C 三类。

⑤ 盘点核对采购人员提供的采购和入库单据。

⑥ 按时组织盘点工作，按照要求做好仓库盘点，并及时处理盘点过程中发现的问题。

⑦ 减少逾期库存、淤滞库存、预留库存、待检品等不可用库存，并及时处理呆料、废料，提高可用库存占库存总量的比例。

8. 采购结算主管岗位职责

① 协助采购主管制订本部门的各种规章制度，并监督规章制度的执行。
② 负责采购业务往来的分析与监督工作。
③ 按采购合同结算条款或企业财务结算进度要求结算供应商货款。
④ 协助财务部门、供应商进行账务核对。
⑤ 及时更新维护供应商信息。

9. 采购成本控制主管岗位职责

① 协助采购部门经理完成采购管理各项规章制度建设工作。
② 配合相关部门完成采购步骤优化设计，完善采购步骤。
③ 负责制订采购成本控制目标、编制采购成本控制计划，报主管领导审批后实施。
④ 负责采购计划达成、实施跟进等工作。
⑤ 负责采购成本目标达成，负责企业采购费用控制，提出降低采购成本方案。

10. 采购绩效主管岗位职责

① 协助人力资源部门经理制订采购绩效考核管理制度，经批准后组织实施。
② 制订采购绩效考核标准，组织开展考核培训工作。
③ 负责对考核事项进行解释。
④ 实施采购绩效考核，统计考核得分，解决考核过程中出现的争议问题。
⑤ 根据采购绩效考核结果和相关规定对相关人员实施奖惩。
⑥ 受理员工采购绩效考核申诉。
⑦ 汇总考核信息，撰写考核分析报告并报采购部门经理和人力资源部门经理审批。

5.1.3 编制采购计划

采购计划，是指企业管理人员在了解市场供求情况、认识企业生产经营活动过程和掌握物料消耗规律的基础上对计划期内物料采购管理活动所做的预见性安排和部署。它涉及两部分内容：一是采购计划的制订；二是采购订单的签订。这两部分内容需要综合平衡，以保证物料的正常供应，并降低库存和成本。

采购计划有广义和狭义之分。广义的采购计划是指为保证供应各项生产经营活动的物料需要量而编制的各种采购计划的总称。狭义的采购计划是指年度采购计划，即对企业计划年度内生产经营活动所需采购的各种物料的数量和时间等所做的安排和部署。采购计划是企业生产计划的一部分，也是企业年度计划与目标的组成部分。

采购计划可以从以下几个角度进行分类。

① 按计划期长短分类。按计划期长短分类,采购计划可分为年度物品采购计划、季度物品采购计划、月份物品采购计划等。

② 按物品使用方向分类。按物品使用方向分类,采购计划可分为生产用物品采购计划、维修用物品采购计划、基本建设用物品采购计划、技术改造措施用物品采购计划、科研用物品采购计划、企业管理用物品采购计划等。

③ 按采购程序分类。按采购程序分类,采购计划可分为采购认证计划、采购订单计划等。

采购计划编制是确定从企业外部采购哪些产品和服务能更好地满足企业经营需求的过程,需要考虑的事项包括是否采购、怎样采购、采购什么以及何时采购。采购计划的编制具体可分为八个环节,即准备认证计划、评估认证需求、计算认证容量、制订认证计划、准备订单计划、评估订单需求、计算订单容量、制订订单计划。采购计划编制流程如图5-2所示。

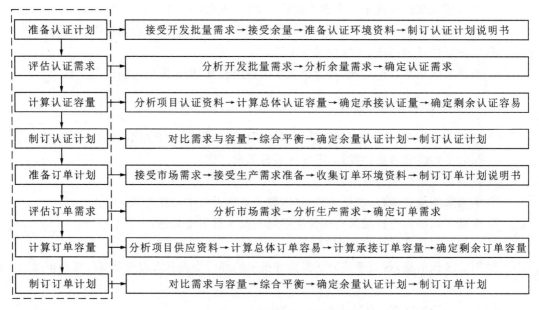

图 5-2　采购计划编制流程

5.1.4　采购预算管理

1. 采购预算的类型

① 原料预算。

原料预算的主要目的是确定用于生产既定数量的成品或者提供既定水平的服务的原料的数量和成本。通常,原料预算是年度或更短的计划,它的根据是销售预测和销售计划。销售预测和销售计划可以用来推断出用于原材料采购的所有资金。预算的额度基于生产或销售的预期水平及来年原材料的预测价格来确定,这就意味着实际有可能偏离预算。在原材料上的投资非常关键,同时资金的短缺有可能导致物料的短缺,从而造成很大的损失。进行预算最主要的好处是能够分析清楚现金流动情况,并且提前发现问题。

② MRO 物品预算。

MRO 的英文全称是 maintenance repair operations,即 maintenance(维护)、repair(维修)、operation(运行)。MRO 通常是指在实际的生产过程中不直接构成产品,只用于维护、维修、运行设备的物料和服务。MRO 是非生产原料性质的工业用品。MRO 物品预算为所有的维护、修理及辅助用料提供采购计划,预算期通常为 12 个月。因为每一系列物料的数目都可能很大,因此不宜为每一种物料做预算。通常,采购预算是通过使用过去的比率来完成,依据对库存和总的价格水平的预测变化而进行调整。

③ 资金预算。

资金使用计划通常牵涉几年的时间,它的依据是公司对产品线、市场份额及开拓新项目的战略计划。依据生产需求、现有设备的淘汰、设备更新需求和拓展计划,可以制订资金需求计划。在做资金预算时,诸如供应商的提前期、资金成本、预期的价格上升以及需要给设备供应商预付款等情况都必须考虑到。

④ 经营预算。

依据预期的工作负荷,每年的经营应该准备出所有的采购费用。这些费用包括工资,包括供热和场地成本、设备成本,包括计算机使用费用和数据处理费用、旅游和招待费用、参加研讨会和专业会议的人员教育费用、邮费、电话费和传真费、办公设备和商业杂志订阅费、采购其他图书的附加费用。如果预算对以前的会计年度有影响,就应该比较预算和实际耗费,协调任何重要的差别。每一个月都应该比较费用和预算,以便于控制费用并及时发现问题。在了解过去部门的经营费用后,应该为下一个会计年度做出预算,这个预算包括工资的上涨、人员的增减,以及与采购计划有关的、所预测的所有其他费用。最后的预算应该与企业的总预算相一致。

为了确保预算能够规划出与企业战略目标相一致的可实现的最佳实践,必须寻找一种科学的行为方法来缓和悲观的倾向。管理者应当与部门主管就目标积极开展沟通,调查要求和期望,考虑假设条件和参数的变动,制订劳动力和资金需求计划,并要求部门提供反馈。管理者应当引导部门主管将精力放到应付不确定情况的出现上,而不是开展"战备竞争"。

2. 采购预算的编制方法

采购预算编制方法有弹性预算、滚动预算、概率预算和零基预算。

① 弹性预算。

弹性预算是指企业按照预算期内可预见的多种生产经营活动业务量水平分别确定相应数据而编制的预算。弹性预算亦称为变动预算,是根据计划期内可能发生的多种业务量,分别确定与各种业务水平相适应的费用预算数额,从而形成适用于不同生产经营活动水平的一种费用预算,一般用于编制弹性成本预算和弹性利润预算。

弹性预算适用于业务量水平经常变动的企业。弹性预算的编制原理为:以成本分析为基础,将成本区分为固定成本和变动成本两部分。某一项目的弹性预算数按下式确定:

$$弹性预算=单位变动成本额×预计业务量+固定成本额$$

编制弹性预算,首先,要确定在计划期内业务量的可能变化范围。在具体编制工作中,对一般企业,业务量的变化范围可以确定在企业正常生产能力的70%～110%之间,也可分别取计划期内预计的最低业务量和最高业务量为下限和上限。其次,要根据成本性态,将计划期内的费用划分为变动费用部分和固定费用部分。在编制弹性预算时,对变动部分费用,要按不同的业务量水平分别进行计算;而固定部分费用在相关范围内不随业务量的变动而变动,因而不需要按业务量的变动来进行调整。

② 滚动预算。

滚动预算又称连续预算或永续预算,其主要特点是预算期随着时间的推移而自行延伸,始终保持一定的期限(通常为一年)。

滚动预算可以保持预算的连续性与完整性,使有关人员能从动态的预算中把握企业的未来,了解企业的总体规划和近期目标;可以根据前期预算的执行结果,结合各种新的变化信息,不断调整或修订预算,从而使预算与实际情况相适应,有利于充分发挥预算的指导和控制作用;可以使各级管理人员始终保持对未来12个月甚至长远的生产经营活动做周密的考虑和全盘规划,确保企业各项工作有条不紊地进行。

③ 概率预算。

概率预算在编制预算过程中涉及的变量较多,如业务量、价格、成本等。企业管理者不可能在编制预算时就十分精确地预见到这些因素在将来会发生何种变化以及变化到何种程度,而只能大体上估计出它们发生变化的可能性,从而近似地判断出各种因素的变化趋势、范围和结果,然后对各种变量进行调整,计算其可能值。这种利用概率(即可能性的大小)来编制的预算,即为概率预算。

④ 零基预算。

零基预算是指在编制预算时,对于所有的预算项目均以零为起点,不考虑以往的实际情况,而完全根据未来一定期间生产经营活动的需要和每项业务的轻重缓急,从根本上来研究、分析每项预算是否有支出的必要和支出数额大小的一种预算编制方法。它是由美国彼得·派尔于20世纪60年代提出的,目前已被西方国家广泛采用。

3. 预算编制流程

编制预算涉及企业的各个方面。预算过程应从采购目标的审查开始,接下来是预测满足这些目标所需的行动和资源,然后制订计划或编制预算。采购预算编制流程主要包括审查企业以及部门的战略目标、制订明确的工作计划、确定采购所需的资源、确定较准确的预算数据、汇总编制总预算、修改预算、提交预算等步骤。采购预算编制流程如图5-3所示。

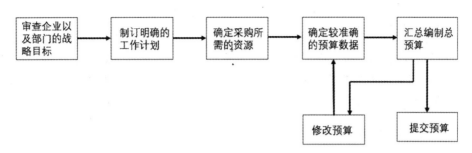

图 5-3　采购预算编制流程

5.1.5　供应商选择

供应商是指那些向买方提供产品或服务并相应收取货币作为报酬的实体,是可以为企业生产提供原材料、设备、工具及其他资源的企业。供应商可以是生产企业,也可以是流通企业。供应商对企业的物资供应起着非常重要的作用,企业要维持正常生产,就必须有一批可靠的供应商为企业提供各种物资。

1. 供应商选择的重要性

当今,供应商的业绩对制造企业的影响越来越大,在交货、产品质量、提前期、库存水平、产品设计等方面都影响着制造企业的效益。传统的供应关系已经不再适应全球竞争加剧、产品需求日新月异的环境,企业为了实现低成本、高质量、柔性生产、快速反应,就必须重视供应商的选择。

选择好的供应商不仅是为了保障日常物资供需,更多的是从战略角度考虑企业和供应商的关系。供应链管理思想的发展和越来越多的外包使得采购地位日益突出,促使企业将较高的供应商管理水平作为一种竞争优势。

2. 供应商选择的原则

① 系统全面性原则:建立全面系统的供应商评价体系。
② 简明科学性原则:供应商评价、选择过程应透明化、制度化和科学化。
③ 稳定可比性原则:供应商评价体系应该稳定运作,标准统一,减少主观因素。
④ 灵活可操作性原则:不同行业、企业、产品需求环境下的供应商评价体系应该是不一样的,需保持一定的灵活操作性。
⑤ "门当户对"原则:供应商的规模及层次和采购商相当。
⑥ 半数比例原则:购买数量不超过供应商产能的 50%,不选择全额供货的供应商。
⑦ 供应源数量控制原则:同类物料的供应商数量宜为 2~3 家,并有主次供应商之分。
⑧ 供应链战略原则:与重要供应商发展供应链战略合作伙伴关系。

3. 供应商选择应考虑的因素

在选择供应商时,一般应考虑以下因素:① 产品质量水平;② 供货能力;③ 产品价格水平;④ 供应商信誉及历来表现;⑤ 技术能力;⑥ 质量保证及赔偿政策;⑦ 供应商在同行业中的地位;⑧ 地理位置。

4. 供应商选择的方法

① 对每类物料,由采购部门经市场调研后各提出 5～10 家候选供应商名单。
② 企业成立一个由采购、质管、技术部门组成的供应商评选小组。
③ 评选小组初审完候选供应商后,由采购部门实地调查供应商,双方填写调查表。
④ 经对各候选供应商逐条对照打分,并计算出总分,排序后决定取舍。

5.1.6　供应商关系管理

供应商关系管理是在供应链管理理论的基础上发展起来的一种处理企业与供应商关系的新理论。它以"双赢"的理念为指导思想,企业与供应商结成长期的、稳定的、互惠互利的合作伙伴关系,共同追求降低供应链的总成本,提高最终企业的产品价值。

1. 供应商关系的定位

供应商和企业之间的关系,除了各种明显的相互作用以外,还有其他的存在形式。例如,产品和服务的相互适应、运营衔接以及共同的战略意图等。企业与供应商的关系如何,将直接影响供应关系的后续发展。因此,企业必须明确自身与供应商之间的关系。

根据物料对企业生产经营的重要性,可将物料分为四类。相应地,供应商也分为四类,如图 5-4 所示。在Ⅰ类物料中,由于企业需要采购大量的该类物料,且该类物料质量的好坏对企业产生重大影响,因此,企业应与该类供应商建立战略性伙伴关系。Ⅱ类物料是企业需要量小的采购物料,但是该类物料对企业生产经营的影响很大,所以企业不得不耗费巨资在该类物料的采购上。在处理提供Ⅱ类物料的供应商关系时,企业应该努力寻找替代品或者替代厂家。Ⅲ类物料属于一般的通用件和标准件,企业对该类物料的采购量不大,并且可选的供应商数量较多,企业对该类物料的供应商关系的处理十分简单,企业与供应商建立一般的契约关系即可。对于作为一般原材料的Ⅳ类物资,企业没有过高的要求。在选择该类物资的供应商时,企业把价格放在首要的考虑地位,愿意与那些定价合适的供应商建立合作关系。

2. 供应商评估

企业必须开发一些考核、管理及发展供应商绩效的工具。供应商绩效考核不同于最初评估和选择供应商的程序,这是一个持续的过程,而不是一次性事件。对于供应商的评

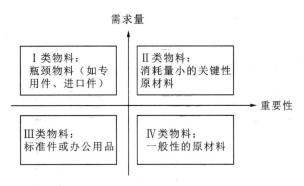

图 5-4 供应商关系图

估结果,企业应该及时反馈给所有被评估的供应商,而不论该供应商是否通过了评估。由于反馈是一个双向过程,因此企业也应该在这个时候努力获得有关供应商对企业的看法。这样,双方都可以采取措施克服劣势,并增加建立真正的业务合作关系的机会。

3. 供应商积极性的提升

要保持长期的供需双赢的合作伙伴关系,对供应商的激励是非常重要的。没有有效的激励机制,就不可能维持良好的供应关系。在激励机制的设计上,要体现公平、一致的原则。提升供应商积极性常用的手段有以下几种。

① 价格激励。价格对供应商的激励是显然的。高的价格能增强供应商的积极性,不合理的低价会挫伤供应商的积极性。

② 订单激励。供应商获得更多的订单是一种极大的激励。一般来说,一个企业拥有多个供应商。多个供应商竞争来自企业的订单,多数量的订单对供应商来说是一种激励。

③ 商誉激励。委托代理理论认为,在激烈的竞争市场中,代理人的代理量(决定其收入)取决于其过去的代理质量与合作水平。从长期来看,代理人必须对自己的行为负完全的责任。因此,即使没有显性激励合同,代理人也要积极、努力地工作,因为这样做可以改善自己在代理人市场上的声誉,从而提高未来收入。

④ 信息激励。虽然信息激励属于一种间接的激励模式,但是它的激励作用不可低估。如果能够快捷地获得合作企业的需求信息,供应商能够主动采取措施提供优质服务,必然使合作企业的满意度大为提高。信息激励机制的提出,也在某种程度上克服了因信息不对称而使供需双方企业相互猜忌的弊端,消除了由此带来的风险。

⑤ 淘汰激励。淘汰激励是一种负激励,是一种危机激励机制,让所有合作企业都有一种危机感。由此,供应商为了能在获得群体优势的同时自己也获得发展,就必须承担一定的责任和义务,对自己承担的供货任务,在成本、质量、交货期等方面承担全方位的责任。

5.1.7 采购合同管理

采购合同是确认供需双方之间的购销关系和权利、义务的文件,具有法律效力。采购合同订立之后,双方必须严格执行。因此,采购人员在签订采购合同之前,必须审查供应商的合同资格、资信及履约能力,按《合同法》的要求,逐条订立购货合同的各项必备条款。

1. 采购合同订立前准备工作

为了避免和减少采购合同执行过程中的纠纷,在正式订立采购合同之前,采购人员首先应审查供应商作为合同主体的资格。它直接关系到所签订的采购合同是否具有法律效力。

① 供应商法人资格审查。

供应商法人资格审查是指审查供应商是否属于经国家规定的审批程序成立的法人组织。在审查供应商法人资格时应注意,没有取得法人资格的社会组织、已被吊销营业执照取消法人资格的企业或组织,无权签订购货合同。

② 供应商法人能力审查。

供应商法人能力审查主要是审查供应商的经营活动是否超出营业执照批准的范围。超越业务范围以外的经济合同,属无效合同。供应商法人能力审查还包括对签约的具体经办人的审查,采购合同必须由法定代表人或法定代表人授权的承办人签订。法人的法定代表人就是法人的主要负责人,如厂长、总经理等,他们对外代表企业签订合同。

③ 供应商资信审查。

供应商资信审查是指审查供应商是否具有固定的生产经营场所、生产设备和与生产经营规模相适应的资金。特别需要注意的是,拥有一定比例的自有资金,是一个法人对外签订采购合同起码的物质基础。在准备签订采购合同时,采购人员在向供应商当事人提供资金的资信情况说明的同时,要认真审查供应商的资信情况,从而建立互相信赖的关系。

④ 供应商履约能力审查。

履约能力是指当事人除资信以外的技术和生产能力、原材料与能源供应、工艺流程、加工能力、产品质量、信誉高低等方面的综合情况。供应商履约能力审查,就是审查供应商履行合同所必需的人力、物力、财力和信誉情况。

2. 采购合同的订立流程

签订采购合同的程序根据采购方式不同而有所不同。一般来说,采购合同的签订分为要约和承诺两个阶段。

① 要约阶段。

这是指当事人一方向他方提出订立经济合同的建议。提出建议的一方叫要约人。要约是订立采购合同的第一步。

② 承诺阶段。

承诺表示当事人另一方完全接受要约人的订约建议,同意订立采购合同。接受要约的一方叫承诺人,承诺是订立合同的第二步。供需双方经过反复磋商,经过要约与承诺的反复讨论,形成具有文字的草拟合约,再经过签订合同和合同签证两个环节,一份具有法律效力的采购合同便正式形成了。

3. 采购合同的执行

① 采购合同的跟踪、监控。

跟踪、监控采购合同的目的主要有三个：促进采购合同正常执行、满足企业的物料需求、保持合理的库存水平。在签订采购合同后，采购人员要严密跟踪供应商准备物料的详细过程，保证采购合同的正常执行。若发现问题一定要及时反馈解决，不能耽误时间。另外，若物料需要供应商按照样品或图纸定制，则出现问题的概率比较大。在这种情况下，采购人员需要更加严密地跟踪与监控采购合同。

② 采购合同风险管理。

采购合同是各类企业对外签订的数量最多的一类合同。有些企业在签订、履行采购合同过程中往往疏忽大意，不注意防范采购合同风险，导致采购合同纠纷频繁发生，造成了重大经济损失。

广义的采购合同风险是指各种非正常的损失，它既包括可归责于合同一方或双方当事人的事由所导致的损失，又包括不可归责于合同双方当事人的事由所导致的损失；狭义的采购合同风险仅指不可归责于合同双方当事人的事由所带来的非正常损失。

4. 采购合同的争议与解决措施

在采购的过程中，买卖双方往往会因为彼此之间的责任和权利问题引起争议，并由此引发索赔、理赔、仲裁及诉讼等。为了防止这些争议的发生，并在争议发生后能妥善地处理和解决争议，买卖双方通常都在合同签订时，对违约后的索赔、理赔事项等内容先做出明确的规定。这些内容反映在合同内，就是违约责任条款。

发生合同争议后，应首先分清是卖方、买方还是运输方的责任。如买方在采购活动中因卖方或运输方责任蒙受了经济损失，则买方可以通过与其协商交涉进行索赔。

索赔和理赔既是一项维护当事人权益和信誉的重要工作，又是一项涉及面广、业务技术性强的细致工作。因此，在提出索赔和处理理赔时，必须注意下列问题。

① 索赔的期限。索赔的期限是争取索赔一方向违约一方提出索赔要求的违约期限。如果逾期提出索赔，对方可以不予理赔。

② 索赔的依据。索赔一方提出索赔时，必须出具违约一方因违约而造成自身损失的证据（保险索赔另行规定）。当争议条款为物资的质量条款时，该证据要与合同中检验条款的规定相一致。

③ 索赔金额及赔偿方法。处理索赔的方法和索赔的金额，除了个别情况外，通常在合同中只做一般笼统的规定，而不做具体规定。因为违约的情况比较复杂，所以当事人在订立合同时往往难以预计。有关当事人双方应依据合同规定和违约事实，本着平等互利和实事求是的精神，合理确定损害赔偿的金额或其他处理方法，如退货、换货、补货、整修、延期付款、延期交货等。

5.1.8 采购成本控制

采购成本是综合反映企业生产经营管理水平的主要指标,是构成企业产品成本、影响产品价格的重要因素。企业的根本目的是追求利润最大化。在确保其他条件不变的情况下,最大限度地降低采购成本,将直接增加企业的总利润,为企业赢得竞争优势。广义上的采购成本不仅包括原材料的成本,还应包含整个采购过程中所付出的成本以及因采购不当所引起的管理不良的成本。

所谓采购成本,是指企业在生产经营过程中,因采购活动而发生的相关费用,即在采购过程中购买、运输、装卸、存储等环节所支出的人力、物力、财力等货币形态的总和。

1. 采购成本的构成

在采购活动中,采购成本主要由物料成本、维持成本、缺货成本和订购成本四部分组成。

① 物料成本。

物料成本是由于购买材料而发生的货币支出成本。物料成本总额取决于采购数量和单价,用公式表示为:

$$物料成本 = 单价 \times 数量 + 运输费 + 相关手续费及税金等$$

② 维持成本。

维持成本即物料的持有成本,是指为了储存物料而发生的成本,可分为固定成本和变动成本。固定成本包括仓库折旧、仓库员工的固定月工资等,变动成本包括物料资金的应计利息、物料的破损和变质损失、物料的保险费用等。

③ 缺货成本。

缺货成本是指因未持有物料或采购供应不及时所造成的物料短缺,导致生产进度受影响所引起的成本,包括待料停工损失、延迟发货损失和丧失销售机会损失、商誉损失、失去客户以及为了避免物料短缺而产生的安全存货等成本。

④ 订购成本。

订购成本是指由企业向供应商发出采购合约订单的成本费用,是企业为了实现一次采购所支出的各种费用,如差旅费、通信费、办公费等支出。

2. 降低采购成本的策略

① 价值分析与价值工程法。

针对产品或服务的功能进行研究,以最低的生命周期成本,通过剔除、简化、变更、替代等方法,来达成降低成本的目的。价值分析法适用于新产品的设计阶段,价值工程法则是针对现有产品的功能/成本进行优化的方法。现今价值分析与价值工程已被视为同一概念使用。

② 谈判法。

谈判是买卖双方为了各自的目标,达成一致的协定过程,这也是采购人员应具备的最基本能力。谈判并不只限于价格方面,也适用于某些特定需求。使用谈判的方式,通常期望价格降幅能达到 3%～5%。如果希望实现更大的降幅,则需运用价格/成本分析、价值分析与价值工程等方法。

③ 目标成本法。

目标成本是指企业在新产品开发设计过程中,为了实现目标利润而必须达到的成本目标值,成本目标值即产品生命周期成本下的最大成本允许值。目标成本法的核心工作就是制订目标成本,并通过各种方法不断地改进产品与工序设计,最终使得产品的设计成本小于或等于其目标成本。

④ 早期供应商参与法。

这是在产品设计初期,选择让具有伙伴关系的供应商参与新产品开发小组。经由早期供应商参与的方式,新产品开发小组对供应商提出性能规格的要求,借助供应商的专业知识来达到降低成本的目的。

⑤ 为便利采购而设计法。

为便利采购而设计是指在自制与外购的策略选择上,立足于产品的设计,利用协作厂的标准工艺、现有生产线与技术,以及使用工业标准零配件,使得零配件的取得更加便利。如此一来,不仅大大减少了自制零配件所需的技术支援,而且降低了生产所需的成本。

⑥ 价格与成本分析法。

这是专业采购的基本工具。了解成本结构的基本要素,对于采购人员来说是非常重要的。如果采购人员不了解所买物品的成本结构,他就不会了解所买物品的价格是否公平合理,同时也会失去许多降低采购成本的机会。

⑦ 标准化法。

标准化法是指实施规格的标准化,使不同的产品专案或零件使用共通的设计、规格,或降低订制专案的数目,以规模经济量达到降低制造成本的目的。但这只是标准化的其中一环,组织应扩大标准化的范围至作业程序,以获得更大的效益。

⑧ 杠杆采购法。

各单位或不同部门以集中扩大采购量来增加议价空间,避免各自采购,造成组织内不同单位向同一个供应商采购相同零件却价格不同,且彼此并不知情,平白丧失节省采购成本的机会。

5.1.9 采购结算

采购结算是整个采购业务过程中至关重要的一个环节。能否按时支付货款是供应商最关心的问题,也关系到采购方的信誉。货款结算是对采购业务的最后把关和规避风险的关键业务环节。

1. 采购结算周期

采购结算周期即为两次结算之间的时间间隔。采购结算可以按照采购结算周期进行，也可以定期进行。至于具体的周期设定，需要综合考虑本企业的资金运转率和供应商的结算申请，以平衡双方的资金要求。

① 预付账款。

预付账款是企业按照采购合同，预付给供应商货款的一种支付方式。预付账款主要是为了获得稳定的供应，有时也是为了解决供应商周转资金短缺的问题。通常，预付账款不具有担保债务履行的作用，也不能证明合同的成立。如收受预付账款一方违约，则只需返还所收款项，因此这种支付方式存在一定的财务风险。

预付账款通常发生在市场供应紧张或者生产周期较长的情况下。例如，有些材料或物资虽然有现货随时供应，但价格受市场供求关系的影响波动较大，企业为了规避价格风险，对长期需要的材料或物资，采用预先订购的方式，将未来的成本控制在目前水平上。这实际上类似于一种期权。

② 分期付款。

分期付款是在生产周期长、原材料昂贵或专门为买方加工生产的一些大型机械设备、工程项目等交易中经常使用的一种支付方式。由于最后一期货款一般是在交货时或到货后或质量保期届满时付清，因此需按期付款条件签订合同。这实际上是一种即期合同，货物的所有权在付清最后一批货款时发生转移。

③ 延期付款。

延期付款是通过提供中长期信贷以推动出口，尤其是在机器设备出口中常用的一种支付方式。在许多国家，延期付款属于出口信贷中的卖方信贷的范畴。在成套设备和大宗交易的情况下，成交金额较大，买方一时难以付清全部货款，可采用延期付款的方法。在延期付款的条件下，出口人为了满足本身周转的需要，在进口人提供信贷的同时，需要向银行贷出资金，而这方面发生的利息费用，通常都要转移给进口人负担。由于延期付款的贷款大部分是在交货后一段相当长的时间内分期摊付，所以它是一种除销，也就是买方利用了卖方的资金。在延期付款的场合，如合同无特殊规定，货物的所有权一般在交货时转移。

2. 常用支付方式

① 买方直接付款。

买方直接付款是指由买方主动地把货款汇付给卖方的一种付款方式。买方在安排付款时，虽然要通过银行办理，但银行对货款的收付不承担任何责任。这是一种基于商业信用的付款方式。

② 银行托收。

银行托收是由卖方对买方开立汇票，委托银行向买方收取货款的一种结算方式。银行托收的基本做法是：由卖方根据发票金额开立以买方为付款人的汇票，向出口地银行提出托收申请,委托出口地银行通过它在进口地的代理行或往来银行,代为向买方收取货款。银行托收仍是一种商业信用。

③ 信用证支付。

信用证支付是银行根据进口人(买方)的请求,开给出口人(卖方)的一种保证承担支付货款责任的书面凭证。信用证是一种银行信用,银行承担第一位的付款责任。受益人收到了开证行开的信用证,即得到了付款的保障。信用证支付在国际贸易中的使用非常广泛。

5.2 实训任务

5.2.1 采购管理部门团队构建与组织架构设计

【实训目的】

了解采购管理部门的业务情况、工作流程和工作职责,根据仿真环境设计出合理的组织架构图。

【任务类别】

现场任务。

【实训组织】

物流管理或者相关专业的指导教师1名。

学生可以按照2~4人进行分组。

【实训准备】

知识准备:掌握采购管理部门的情况,同时对组织结构设计知识有一定的了解。

物品准备:笔、纸张。

设备设施:跨专业综合实训软件平台。

【实训内容】

① 根据跨专业综合实训软件平台涉及的采购业务,完成采购管理部门组织架构图。

② 根据业务清单进行岗位分工,并完成岗位职责说明书(见附录13)。

③ 采购管理部门负责人进行人员岗位分工,并完成人员分工明细表(见附录14)。

扫二维码,下载附录13。

扫二维码,下载附录14。

附录 13　　　　　　　　附录 14

5.2.2　设计采购管理部门业务流程

【实训目的】

了解采购管理部门业务内容和管理需求,明确采购管理部门关键业务步骤和事项,根据仿真环境设计合理的采购管理部门日常业务流程图。

【任务类别】

现场任务。

【实训组织】

工商专业或者相关专业的指导教师 1 名。

学生可以按照 2～4 人进行分组。

【实训准备】

知识准备:了解采购管理部门业务内容以及业务流程设计相关知识点。

物品准备:笔、纸张。

设备设施:跨专业综合实训软件平台。

【实训内容】

① 根据跨专业综合实训软件平台涉及的采购业务,完成采购管理部门的业务流程图设计。

② 制订与流程相关的执行程序和工作标准。

5.2.3　编制采购计划

【实训目的】

了解采购计划的编制过程和方法,了解采购计划编制对整个采购流程的重要意义。

【任务类别】

流程岗位作业。

【实训组织】

物流管理或相关专业教师 1 名。

学生可以按照 2～4 人进行分组。

【实训准备】

知识准备:了解采购计划编制的原则和流程,以及实际情况。

物品准备:笔、纸张。

设备设施:跨专业综合实训软件平台。

【实训内容】
① 根据模拟环境的实际情况,与生产总监沟通,获得企业生产计划和产品物料清单。
② 调研物料供应市场情况,了解物料价格和采购提前期。
③ 在以上基础上,制订本企业的采购计划。

5.2.4 编制采购预算

【实训目的】
了解采购预算的编制过程和方法,了解采购预算编制对整个采购流程的重要意义。

【任务类别】
流程岗位作业。

【实训组织】
物流管理或相关专业教师1名。
学生可以按照2~4人进行分组。

【实训准备】
知识准备:了解采购预算编制的原则和流程,以及实际情况。
物品准备:笔、纸张。
设备设施:跨专业综合实训软件平台。

【实训内容】
根据模拟环境的实际情况,编制本企业的采购预算。

5.2.5 编制采购合同草案

【实训目的】
根据采购物料的品类、供应市场状况,针对采购物品的规格、质量保证、订购数量、价格、交货日期等与供应商沟通,完成采购合同草案的编制工作。

【任务类别】
流程岗位作业。

【实训组织】
物流管理或相关专业教师1名。
学生可以按照2~4人进行分组。

【实训准备】
知识准备:了解采购合同编制的要求和内容,以及实际情况。
物品准备:笔、纸张。
设备设施:跨专业综合实训软件平台。

【实训内容】

按照采购合同的规定格式,编制采购合同草案。

5.2.6 采购过程控制

【实训目的】

了解采购文件与单据的种类、内容及用途,掌握物料验收各个环节的要点,掌握库存控制的方法。

【任务类别】

流程岗位作业。

【实训组织】

物流管理或相关专业教师1名。

学生可以按照2~4人进行分组。

【实训准备】

知识准备:了解各类采购文件的样式,包括采购请购单、采购订单、到货单、物料验收单、采购入库单等。

物品准备:笔、纸张。

设备设施:跨专业综合实训软件平台。

【实训内容】

根据仿真实训平台的实训任务和场景需要,编制采购请购单、采购订单、到货单、物料验收单、采购入库单等,填写原辅料情况汇总表(见附录17)。

扫二维码,下载附录17。

附录 17

5.2.7 供应商选择与管理

【实训目的】

了解选择供应商时应考虑的因素,掌握供应商分类的方法,掌握供应商绩效考评方法。

【任务类别】

流程岗位作业。

【实训组织】

物流管理或相关专业教师1名。

学生可以按照2~4人进行分组。

【实训准备】

知识准备:了解供应商管理的相关知识,以及实际情况。

物品准备:笔、纸张。

设备设施:跨专业综合实训软件平台。

【实训内容】

① 设计供应商调查表和供应商评分表。

② 设计供应商审核流程。

③ 编制合格供应商清单。

第 6 章 会计与财务管理岗位实训

学习目标
1. 了解会计与财务管理部门职能;
2. 掌握会计与财务管理部门组织设计与人员管理;
3. 掌握战略管理会计的工作内容和方法;
4. 掌握成本性态分析的方法;
5. 掌握本量利分析的方法;
6. 掌握全面预算管理的方法;
7. 掌握企业战略业绩评价方法。

重点、难点
战略管理会计的工作内容和方法、成本性态分析、本量利分析、全面预算管理、企业战略业绩评价方法。

6.1 业务概述

6.1.1 会计与财务管理部门职能

会计与财务管理部门主要职责如下。

1. 企业财务制度建设

编制企业各项财务制度,包括会计制度、财务预算管理制度、资产管理制度、账款管理制度、投融资管理制度等,制订财务考核办法及财务控制措施等。

2. 财务规划与计划

制订企业的财务战略规划与年度财务计划,制订企业年度、季度、月度财务收支计划,监督落实企业财务计划的执行情况并进行分析。

3. 现金出纳

负责企业资金的管理与调配,完成日常收支及记账工作;办理各种支票、汇票等收付款业务;负责库存现金、发票及空白支票等重要票据的管理;负责本企业现金、银行结存工作及日记账的编制与管理。

4. 日常会计核算

负责企业会计账务处理工作;负责编制、解释和分析企业统一的财务报表和统计报表体系,分析与报告企业经营指标和经营业绩;负责企业日常税费申报工作;负责企业各类资产的核算及管理工作,定期组织财产及债权、债务的清查工作。

5. 财务分析与报告

定期进行财务综合分析和预测,提供财务分析报告;针对问题,及时提出财务控制措施和建议;对企业新的业务项目进行财务分析和预测。

6. 财务审计

对企业经营成果、效益状况的真实性、合法合规性进行审计,协助内部审计、专案审计、管理审计、外部审计做好审计工作。

7. 投融资管理

根据指示,做好企业项目投资的成本和盈利分析,参与企业投资项目的决策,做好资金筹集、供应和使用管理工作;与相关金融机构保持密切联系,积极开拓融资渠道。

8. 税务筹划

及时了解、掌握国家有关税务政策,收集相关信息,规范、组织企业依法纳税工作,掌握和检查企业的纳税情况。

6.1.2　会计与财务管理部门组织设计与人员管理

会计与财务管理部门的组织架构设计如图 6-1 所示。

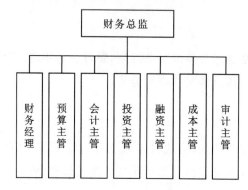

图 6-1　会计与财务管理部门组织架构图

1. 财务总监岗位职责

① 财务制度建设：主持制订企业财务管理、会计核算、会计监督、预算管理、审计监察、库管等工作的规章制度和工作程序。

② 融资管理：筹集企业运营所需资金，满足企业战略发展的资金需求，审批企业重大资金流向。

③ 财务工作管理：组织领导企业财务管理、会计核算、会计监督、成本管理、预算管理、审计监察等方面的工作。

④ 财务监控：对企业日常资金运作和财务运作进行监控，对企业各部门的各项预算、费用计划进行审批。

⑤ 财务分析与预测：定期对企业经营状况进行阶段性的财务分析与财务预测，并提出财务改进方案，为企业经营决策提出合理化建议、意见。

⑥ 财务审计、督办管理：组织制订年度审计工作计划，组织开展年度财务收支审计、经营成果审计等各项工作。

⑦ 财务部的管理：负责财务部管理人员的管理、考核，监督其各项业务工作。

2. 财务经理岗位职责

① 制订规章制度与财务计划：组织编制各项财务收支及资金计划，落实和检查计划的执行情况，定期将计划的执行情况进行分析并上报财务总监、总经理。

② 组织有关部门编制财务预算并汇总，上报领导审批后实行；监督各部门预算的执行情况，认真审核各部门的费用支出；进行成本预测、控制、核算、分析和考核。

③ 会计核算管理：负责组织全企业的经济核算工作，组织编制和审核会计报表、统计报表。

④ 财务分析与预测：定期或不定期组织进行财务分析，提交财务分析报告，对新投资的项目做好财务预测与风险分析。

⑤ 财务稽核与审计：组织设定财务工作考核标准，严格监督各项业务收支情况，并根据考核标准对各个分支机构的财务工作定期进行考评。

⑥ 融资管理：根据指示，做好资金筹集、供应和使用管理工作，协助财务总监寻找、疏通融资渠道。

⑦ 部门内部管理：负责财务人员队伍的建设、选拔和配备，组织对部门员工进行财务知识培训。

3. 预算主管岗位职责

① 预算体系建设：建立、改进、完善预算体系，建立相应的执行、控制机制，制订中长期财务预算规划，确保预算规划得以有效实施。

② 编制预算：根据企业的发展目标、以前各年度预算制订和执行情况，制订本年度全面预算，组织编制全系统预算，确定目标成本和目标利润，并向各预算责任部门下达预算指标。

③ 预算管理：通过预算系统跟踪监督与控制预算单位的日常支出和预算执行情况，定期进行反馈，按时、按质、按需提供内部管理报表，对企业经营状况和预算执行情况进行分析，形成预算执行报告，并上报有关领导。

4. 会计主管岗位职责

① 核算体系建设：按会计准则规定设置会计科目、会计凭证和会计账簿，拟订本企业有关会计核算的各项规章制度，设置与掌管总分类账簿，设计本企业的会计核算形式，建立会计凭证的传递程序。

② 会计核算管理：严格、认真复核本部人员所做的会计凭证的完整性，审核会计凭证与所附的原始单据是否齐全、一致，审批手续是否齐全；核对各级明细账、日记账及总分类账，确保账账相符。

③ 编制财务报表：负责编报现金流量表、资产负债表、损益表等财务会计报表。

④ 财务分析：定期或不定期地协助财务经理做好企业的财务分析，进行各种财务预测、市场容量预测、市场占有率预测和市场价格预测等，为企业的投资决策和生产经营提供可靠的依据。

⑤ 会计档案管理：遵守会计档案管理的有关法规，对会计档案进行科学分类，造册登记，对保存在财务部门的会计凭证、会计账簿、会计报表和其他会计资料统一进行管理。

5. 投资主管岗位职责

① 组织市场调查：组织进行行业研究及投资项目的市场调研等前期工作，根据企业的投资方向组织市场调查，收集有关的市场信息资料，编制市场调查报告。

②制订投资方案：编制可行性报告，提出投资方向的有关建议；为投资项目准备推介性文件，编制投资调研报告、可行性研究报告及框架协议的相关内容，并拟订项目实施计划和行动方案。

③投资管理：根据投资计划方案，寻找项目资源，设计投资项目，积极组织项目调查和可行性分析研究，开展投资工作；参与投资项目谈判，建立并保持与合作伙伴和潜在客户的业务关系。

6. 融资主管岗位职责

①制订融资方案：负责本企业及其分支机构的融资预算编制，组织实施融资预算、设计融资方案；负责分析市场和项目的融资风险，对公司短期、长期的资金需求进行预测，制订并实施相应的融资解决方案。

②融资渠道管理：积极开拓金融市场，开拓本企业资金资源，与国内外目标融资机构沟通，建立多元的融资渠道，与各金融机构建立和保持良好的合作关系。

③内部融资管理：合理地进行资金分析和调配，进行内部融资安排，监督并优化内部各项资金的运用，确保资金安全，合理调度资金，提高资金使用效率。

7. 成本主管岗位职责

①成本控制制度建设：根据企业有关财务制度编制成本核算制度，上报领导审批后贯彻执行。

②成本账务处理：在财务经理的直接领导下，负责各部门的经济核算业务。

③成本分析与控制：负责制订企业各部门成本费用指标，并对其进行严格检查和控制；定期考核各部门成本计划定额的执行情况，分析成本升降的原因。

8. 审计主管岗位职责

①编制审计管理制度与规划：拟订企业各项内部审计制度、审计程序及审计细则，规划年度审计工作实施进程。

②组织内部审计工作：组织对企业各项财务收支、专项资金的使用和核算情况的审计工作；组织对企业经营成果的真实性、准确性、合法性等的审计工作等。

③配合外部审计工作：根据国家有关制度和企业相关规定，配合外部审计机构进行必要的调查取证工作。

④提供审计报告：每项审计工作结束后，及时撰写审计报告上报企业领导，指出问题所在，并提出处理或改进建议。

6.1.3 战略管理会计

战略管理会计与企业战略管理密切联系，是指运用灵活多样的方法收集、加工、整理与战略管理相关的各种信息，并据此来协助企业管理层确立战略目标、进行战略规划、评价管理业绩。战略管理会计需面向长远和未来,研究长期性的战略问题,必须结合运用动态的决策程序和计量模型,关注企业可能面临的风险程度,注重人力资源的开发和管理,从而保证企业长久地处于竞争优势地位。战略管理会计首先要从企业外部和内部收集信息,提出各种可能的战略方案,供高层管理者选择,协助其制订战略目标。其次,要以市场为导向而非以产品为导向划分责任单位,结合非财务指标和各责任单位的竞争战略进行综合评价。一般来说,战略管理会计应该包含以下内容。

1. 战略目标的制订

战略是对事关全局的发展目标和发展趋势所作的谋划,是指导全局的计划和策略。战略一经确定,将在相当长的时期内对企业未来整体格局的发展演变起指导作用。战略管理会计的最终目标与企业的总目标是一致的,即通过建立企业竞争优势,增强企业市场竞争力,实现企业价值最大化。

2. 战略成本管理

成本管理最能体现企业综合管理的水平。传统管理会计对成本的控制主要基于生产过程中与生产要素相关成本项目的控制。事实上,经过研究表明,在现代的企业全新的制造环境下,产品最终生产成本中的80%在产品设计阶段就已经确定了,而战略成本管理是一种全面性与前瞻性相结合的成本管理方法。全面性是指成本管理的全方位、全过程与全员的三全管理过程,全方位提供了成本管理的视野,全过程是成本管理的步骤与程序,而全员是成本管理的重要保障。

3. 战略性经营与投资决策

战略管理会计为企业战略管理提供各种相关、可靠的信息,在提供与经营投资决策有关的信息的过程中,克服了传统管理会计所存在的短期性和简单化的缺陷,以战略的眼光提供全局性和长远性的与决策相关的有用信息。具体表现在以下两个方面:一是建立以销量不确定和因素不确定为特征的不确定条件下的本量利分析模型和以非线性为特征的曲线式本量利分析模型;二是表现在长期投资决策方面,战略管理会计把资本性投资与营运资金在项目经营期间随着产销量变化而变动的部分充分考虑进去,企业可根据变动部分合理地调整制订新的投资决策。

4. 战略业绩评价

所谓战略业绩评价,就是在企业战略目标和战略的指导下,以促进战略的实施和战略目标的实现为目的而对战略实施活动开展的业绩评价活动。战略业绩评价包括财务业绩指标的评价与非财务业绩指标的评价。对于责任中心财务业绩指标的评价,可以采用传统的责任会计方法;对于责任中心非财务业绩指标的评价,则要以分级的平衡计分卡为依据,通过统计等手段收集数据,并定期编制报告,做出业绩评价。近年来,企业战略业绩评价的发展呈现两种发展趋势:一是使用经济增加值进行业绩评价;二是使用平衡计分卡进行战略业绩评价。

6.1.4　成本性态分析

成本性态亦称成本习性,是指成本总额变化与业务量之间的依存关系,亦即成本对业务量变化而表现出来的特性。业务量按产销关系分为生产量和销售量,按表现形式则可以分为时间量和货币量。这种依存关系因是客观的、固有的,故称为习性。利用成本性态,可从数量上研究成本与业务量变动之间的规律性联系,为企业正确进行管理决策、改善经营管理提供有价值的成本信息,也有助于企业挖掘降低成本的潜力,提出降低成本的有效措施。按照成本性态,可把企业全部成本分为固定成本、变动成本和混合成本。

1. 固定成本

固定成本是指发生额在一定期间和一定业务量内不受业务量直接影响的成本。当业务量在一定范围内变化时,成本总额保持不变,而单位成本则随着业务量的增减呈反向变化。典型的固定成本项目包括直线法计提的固定资产折旧、管理人员工资、财产保险费等。

根据企业管理部门对固定成本的可控程度,即其支出数额是否能改变,可将固定成本进一步细分为以下两类。

① 酌量性固定成本,即企业管理部门在日常经营活动中可以控制并改变其数额的固定成本,如研究开发费、广告费、业务招待费、职工培训费等。这些费用的开支对企业的经营肯定有好处,但支出数额的多寡并不是绝对不能改变的。

② 约束性固定成本,即企业管理部门在日常经营活动中很难控制并改变数额的固定成本,如保险费、房屋租金、非工作量法计算的固定资产折旧(直线法)、取暖费、管理人员的基本工资等。这些固定成本是在企业的生产能力一经形成就必然要发生的最低支出,即使生产中断也仍然要发生。

2. 变动成本

变动成本是指在一定的业务量范围内,总额随业务量的变化而呈正比例变化的成本。典型的变动成本项目包括构成产品实体的原材料费用、生产工人的计件工资、包装费用、按销售额计付的销售佣金、按运输里程计提的运输车辆折旧等。随着业务量的增减,这些项目的总额也会成比例地增减。在成本总额随业务量呈正比例变化的同时,业务量的单位变动成本将维持稳定。

变动成本一般可分为技术变动成本和酌量性变动成本两类。技术变动成本即与业务量有明确的技术或实物关系的变动成本,如生产一台汽车需要耗用一台引擎、一个底盘和若干条轮胎等,只要生产,这种成本就必然会发生,若不生产,这种成本就为零。酌量性变动成本即通过管理决策行为可以改变的变动成本,如定率销售佣金等。这类成本通常是由管理当局决定的。

3. 混合成本

从成本性态来看,固定成本与变动成本只是两种极端的类型。前者与业务量无关,后者与业务量呈正比例变化。实际上,大多数成本与业务量之间的关系介于两者之间。也就是说,一方面,它们要随业务量的变化而变化;另一方面,它们的变化又不能与业务量的变化保持着纯粹的正比例关系。这就是管理会计中所称的混合成本。

根据混合成本同时兼有变动与固定两种性质的不同具体情况,可进一步将混合成本细分为半变动成本、半固定成本、曲线变动成本、延期变动成本。

① 半变动成本。这种成本通常有一个固定基数,在此基数内的部分与业务量的变化无关,这部分成本类似于固定成本;在此基数之上的其余部分,则与业务量呈正比例变化,这部分成本相当于变动成本。

② 半固定成本。这种成本在一定业务量范围内的发生额是固定的,当业务量增长到一定限度时,其发生额就突然跳跃到一个新的水平,然后在业务量增长的一定范围内,其发生额又保持不变,当业务量增长再超出一定限度时,它又跳跃到一个更高的水平。

③ 曲线变动成本。这种成本通常也有一个初始量,一般不变,相当于固定成本;随着业务量的增长,这种成本开始逐渐变化,但它与业务量的依存关系是非线性的。这种成本根据变化的方向可分为两种:一是递增曲线成本,如累进计件工资、违约金、罚金等,随着业务量的增加,成本逐步增加,并且增加幅度是递增的;二是递减曲线成本,如有价格折扣或优惠条件下的水电消费成本、"费用封顶"的通信服务费等,其值达到高峰后就会下降或持平。

④ 延期变动成本。这种成本在一定的业务量范围内有一个固定不变的基数,当业务量增长超出了这个范围时,它就随业务量的增长呈正比例变动。

6.1.5 本量利分析

本量利分析是指成本、业务量和利润三者之间的关系分析,其主要目的是分析短期内产品销售量、销售单价、固定成本、单位变动成本以及产品结构的变化对利润的影响,为企业管理部门提供预测、决策信息。本量利分析显然是对成本性态分析的发展和继续。

本量利关系的基本公式为:

$$利润 = 销售收入 - (固定成本 + 变动成本)$$

1. 单位贡献毛利与贡献毛利总额

贡献毛利是本量利分析中的一个重要概念,亦称边际贡献、贡献边际、创利额等。它是指产品销售收入超过其变动成本的金额,亦即产品销售额除补偿变动成本外还可补偿多少固定成本。很显然,产品销售收入在补偿了变动成本后还有剩余,才可能对企业盈利有所贡献。

$$单位贡献毛利 = 销售单价 - 单位变动成本$$

贡献毛利总额是总括的概念,是指销售收入总额扣除变动成本总额后的余额。它所反映的是产品销售对企业营业利润的贡献水平。其计算公式为:

$$贡献毛利总额 = 销售收入总额 - 变动成本总额$$

2. 贡献毛利率和变动成本率

贡献毛利率是指单位销售收入所提供的贡献毛利的比率。贡献毛利率在数量上等于贡献毛利总额除以销售收入总额,或者单位贡献毛利除以销售单价。

$$贡献毛利率 = \frac{贡献毛利总额}{销售收入总额} = \frac{单位贡献毛利}{销售单价}$$

与贡献毛利率有关的一个概念是变动成本率。变动成本率是指单位销售收入中变动成本所占的比率,以 VCR 表示。它在数值上等于变动成本总额除以销售收入总额,或者单位变动成本除以销售单价。

$$变动成本率 = \frac{变动成本总额}{销售收入总额} = \frac{单位变动成本}{销售单价}$$

$$贡献毛利率 + 变动成本率 = 1$$

3. 盈亏平衡分析

所谓盈亏平衡,是指企业经营所获得的收入同其所发生的成本持平,生产经营活动处于既无盈利也无亏损的特定状态。在这种特定经营状态下,有关产品或劳务的销售收入总额减去其变动成本总额之后的余额(即贡献毛利总额),同固定成本总额保持相等,因而其净利润为零。一旦贡献毛利和固定成本之间出现这种特殊的数量关系,企业生产经营活动就处于盈亏平衡状态。此时:

$$贡献毛利总额 = 固定成本总额$$

$$净利润 = 0$$

所谓盈亏平衡分析,是指以成本性态分析为基础,以零利润(亏损)额为基点,揭示业务量、成本和利润之间依存关系的一种经济分析方法。成本性态分析为盈亏平衡分析提供了前提条件,而变动成本计算又为盈亏平衡分析提供了数据依据。因此,盈亏平衡分析是成本性态分析、变动成本计算合乎逻辑的发展。

盈亏平衡点也被称为够本点、损益两平点、盈亏临界点、保本点等,是指企业经营能够达到不亏不盈状态的销售量(额)。盈亏平衡点一般有两种表示方式:一是用实物量表示,称为盈亏平衡销售量;二是用货币量表示,称为盈亏平衡销售额。

$$盈亏平衡销售量 = \frac{固定成本总额}{销售单价 - 单位变动成本} = \frac{固定成本总额}{单位贡献毛利}$$

$$盈亏平衡销售额 = \frac{固定成本总额}{贡献毛利率}$$

4. 保利分析

保利分析是指在假定单价、单位变动成本、固定成本不变的情况下,为保证目标利润的实现而达到的销售量或销售额的分析方法。目标利润是指企业在未来一段时期内,经过努力应该达到的最优化利润控制目标,确定目标利润的关键是要确定先进合理的利润率标准。目标利润的计算公式为:

$$目标利润 = 预计资金平均占用额 \times 资金利润率(或投资报酬率)$$

保利点计算公式如下:

$$保利销售量 = \frac{固定成本总额 + 目标利润}{单位贡献毛利}$$

$$保利销售额 = \frac{固定成本总额 + 目标利润}{贡献毛利率}$$

5. 利润敏感性分析

利润敏感性分析,就是分析利润对各项决定性因素变化的敏感程度,属于一种如果-会怎样(what-if)式的分析方法。由于利润是直接由销售价格、单位变动成本、销售量和固定成本确定的,因此当这些因素发生变化时,利润也必然随之发生变化。

单价、单位变动成本、销售量和固定成本等因素的变动都会引起利润的相应变化,但各因素对利润的敏感程度却不相同。一般地,若某因素较小幅度的变动就会引起利润较大幅度的变动,那么这个因素就是强敏感因素;若某因素较大幅度的变动只会引起利润较小幅度的变动,那么这个因素就是弱敏感因素。

反映各因素敏感程度的指标称为敏感系数,其计算公式为:

$$某因素敏感系数 = \frac{目标值变动百分比}{参量值变动百分比}$$

在利润敏感性分析中,目标值应取利润变动率,参量值则取各因素的变动率。
某因素单独变动对利润的影响程度的预测可按下式确定:

$$某因素变动导致利润变动百分比 = 该因素变动百分比 \times 该因素敏感系数$$

为实现目标利润而应采取的单项措施可按下式确定:

$$某因素变动百分比 = \frac{目标利润变动百分比}{该因素敏感系数}$$

若将目标利润降为0,即目标利润变动百分比为-100%,则可计算出确保企业不亏损的各因素变动的极限,这对判断企业经营风险十分有必要。

6.1.6 经营预测

经营预测是指根据历史资料和现在的信息,运用一定的科学预测方法,对未来经营活动可能产生的经济效益和发展趋势作出科学的预计和推测的过程。企业进行经营预测的主要内容包括销售预测、成本预测、利润预测以及资金需求量预测。

1. 销售预测

销售预测是指根据市场调查得到的资料,通过对有关因素的分析研究,对特定产品在未来一定时期内的市场销售量水平及变化趋势进行分析,从而预计和测算本企业产品未来销售量的过程。

销售预测的基本方法主要分为定性分析法和定量分析法两大类。

① 定性分析法,又称非数量分析法,主要是指依靠预测人员丰富的实践经验和知识以及主观的分析判断能力,在考虑到政治经济形势、市场变化、经济政策、消费倾向等各项因素对经营影响的前提下,对事物的性质和发展趋势进行预测和推测的分析方法。它又分为判断分析法和调查分析法。

② 定量分析法,也称为数量分析法,主要是指应用数学的方法,对与销售有关的各种经济信息进行科学的加工处理,并建立相应的数学模型,充分揭示各有关变量之间的规律性联系并作出相应的预测结论。具体来说,该方法又分为趋势分析法、因果分析法、季节预测分析法及购买力指数法等。

2. 成本预测

企业作出销售预测后,就会作出生产计划的安排。此时,成本预测是成本管理的重要环节,也是企业进行产品设计方案选择、零部件是外购还是自制、是否增加新设备、新产品是否投产等决策的基础。

成本预测分为近期预测(月、季、年)和远期预测(3年、5年、10年)。远期预测通常用于分析宏观经济变动对企业成本的影响(如生产力布局变动、经济结构变动、价格变动等),为企业确定中长期预算和年度预算提供资料。近期预测着重分析影响成本的各个因素的变动,测算各种方案的成本指标,从中选择最优方案,据以确定计划成本指标。在近期预测中,成本预测的侧重点是年度成本预测。一般来说,成本预测的步骤如下。

① 根据企业的经营总目标,提出初选的目标成本。

② 初步预测在当前生产经营条件下成本可能达到的水平,并找出与初选目标成本的差距。

③ 提出各种成本降低方案,对比、分析各种成本降低方案的经济效果。

④ 选择最优成本降低方案并确定正式的目标成本。

按产品的不同,成本预测又可分为可比产品成本预测和不可比产品成本预测。可比产品成本预测方法包括高低点法和因素分析法,不可比产品成本预测方法包括技术测定法、产值成本法和目标成本法。

3. 利润预测

利润是企业在一定会计期间进行经营活动的结果,是营业收入减去与之相配比的费用后的余额。利润预测是按照企业经营目标的要求,通过对影响利润变化的成本、产销量等因素的综合分析,对未来一定时间内可能达到的利润水平和变化趋势所进行的科学预计和推测。利润预测是在销售预测和成本预测的基础上进行的。

对企业利润的预测,可根据利润总额的构成方式分项进行。

$$利润总额＝营业利润＋投资净收益＋营业外收支净额$$

预测时可先分别预测营业利润、投资净收益、营业外收支净额,然后将各部分的预测结果相加,得出利润预测数额。

4. 资金需要量预测

资金预测是企业财务预测的主要内容之一,对资金需要量的预测可以使筹集来的资金既能保证生产经营的需要,又不至于有太多的闲置资金,从而提高资金利用率。

资金需要量预测的常用方法是销售百分比法。销售百分比法是根据各个资金项目与销售收入总额之间的依存关系,以未来销售收入变动的百分比为主要参数,预测随着销售收入增加需要相应追加的资金总量。销售百分比法的预测步骤如下。

① 分析资产负债表有关项目,将随着销售量变动的项目分离出来。
② 计算基期资产负债表上随销售量变动的各项目占基期销售收入的百分比。
③ 确定随着销售量增加需追加的资金。
④ 确定企业内部形成的资金,从而得出预测期需要追加的资金。
⑤ 确定预测期资金需要量。

6.1.7 经营决策

决策是指为了实现既定的目标,依据预测获得的信息进行科学判断,对未来时间作出决策的依据。管理会计中的决策分析,是指企业经营管理人员对企业生产经营中面临的各种经济问题,以取得最佳经济效益为目标,充分考虑各种备选方案后对最优方案所作出的决策。企业经营决策一般包括定价决策、生产决策和成本决策等。

1. 定价决策

产品定价决策,就是确定产品的价格,以使企业的经济效益最佳的决策。影响企业经济效益的因素,主要有产品的产销量、产品的价格和产品的成本。其中,产品价格的高低,既影响到产品产销量的多少,又影响到产品成本的高低。所以,产品的定价合理与否,直接影响到企业经济效益的好坏。影响价格的基本因素包括市场供需状况、成本因素、科技含量、国家政策等。定价决策采用的主要方法有以下几种。

① 以成本为基础的定价方法:成本加成定价法、边际成本定价法、特殊订货定价策略。
② 以需求为基础的定价决策:弹性定价法、反向定价法。
③ 其他价格策略:心理定价策略、新产品定价策略、现金折扣定价策略。

2. 生产决策

生产决策是一个生产企业必然要考虑的问题,如企业的生产布局、新产品是否投产、零部件是自制还是外购等。这些问题的决策,往往有多种方案可以选择。通过生产决策,选取一个最佳方案,能提高企业的经济效益。

生产决策主要包括品种决策和生产组织决策。品种决策旨在解决生产什么产品的问题,例如,生产何种新产品、亏损产品是否停产、零部件是自制还是外购、半成品是否需要进一步加工等。在品种决策中,经常以成本作为判断方案优劣的标准,有时也以贡献毛利总额作为判断标准。就工业企业而言,在全年产量已定的情况下,生产批量与生产批次成反比,生产批量越大,生产批次越少;生产批量越小,生产批次越多。生产批量和生产批次与生产准备成本、储存成本相关,最优的生产批量应该是生产准备成本和储存成本总和最低时的生产批量。如何确定生产批量和生产批次,才能使年生产准备成本与年储存成本之和最低,就成为最优生产批量决策需要解决的问题。

3. 成本决策

成本决策,是指在成本预测的基础上,通过挖掘降低成本的潜力,拟订出各种降低成本的可行性方案,并选择出最佳的方案,使目标成本最优的一系列过程。利润是反映企业经济效益好坏的重要指标,它是销售收入减去成本后的余额。在销售收入既定的情况下,降低成本就成了提高企业经济效益的关键。成本越低,企业的经济效益越好。

企业在生产经营过程中降低产品成本主要有三条途径:① 设计阶段对产品结构和生产工艺进行改革;② 合理组织生产;③ 采取节约费用措施。设计阶段的成本决策是十分重要的。有关资料表明,产品成本的 70% 左右是研制阶段确定的,产品投产后,再要大幅度降低成本是较困难的,除非更改设计。如果一个产品设计先进合理,就可以减少产品的零部件数量,相应地减少材料费、模具费,节省加工、制造产品的时间和人力。尤其是在大批量生产中,这样的节省是相当可观的。产品设计出来后,合理组织生产与降低企业产品成本又有很大的关系。如合理确定批量的大小、零部件的加工顺序,合理安排厂内运输线路等,对产品成本的降低都起着很大的作用。在生产过程中,综合利用原材料,节约各种费用,尤其是一些数额较大的费用开支,如外购件的支出、利息支出、人工费用支出等,也是降低成本的重要途径之一。

6.1.8 资本化投资决策

资本化投资决策是企业为了在风险一定的条件下获得更大的投资收益,对独立投资方案进行财务可行性分析的基础上作出取舍或从多种财务可行的投资方案中选择最优投资方案或投资组合方案的过程。

在资本化投资决策中,评价投资方案是否可行与优劣与否的主要做法就是将投资收益和各种投资进行对比,看投资收益是否超过投资及超过的绝对与相对程度。由于投资有可能是多次投入,投资收益更是在投资若干年后才能逐渐收回,因此,要比较投资和投资收益就必须将不同时点的资金换算到相同的时点。在换算中,要重点考察两个基本要素:一是计算货币时间价值的依据,即折现率;另一个是计算货币时间价值的对象,即现金流量。折现率和现金流量的确定及准确与否直接关系到资本化投资决策的质量。

1. 货币时间价值

货币时间价值,指的是货币经过一定时间的投资与再投资后,所增加的价值,即统一货币量在不同时点上的价值差额。

① 已知现值求终值——复利终值系数:

$$FV_n = PV(1+i)^n$$

② 已知终值求现值——复利现值系数:

$$PV = \frac{FV_n}{(1+i)^n}$$

③ 已知年金求终值——年金终值系数:

$$FVA_n = A\frac{(1+i)^n - 1}{i}$$

④ 已知终值求年金——偿债基金系数:

$$A = FVA_n \frac{i}{(1+i)^n - 1}$$

⑤ 已知年金求现值——年金现值系数:

$$PVA_n = A\frac{1 - (1+i)^{-n}}{i}$$

⑥ 已知现值求年金——投资回收系数:

$$A = PVA_n \frac{i}{1 - (1+i)^{-n}}$$

⑦ 预付年金终值计算公式:

$$XFVA_n = FVA_n(1+i) = A(1+i)\frac{(1+i)^n - 1}{i}$$

⑧ 预付年金现值计算公式:

$$XPVA_n = PVA_n(1+i) = A\frac{1 - (1+i)^{-n}}{i}(1+i)$$

⑨ 永续年金现值计算公式:

$$PVP = \frac{A}{i}$$

2. 现金流量

现金流量指的是在投资活动过程中,由于引进一个项目而引起的现金支出或现金收入增加的数量。投资决策涉及现金流出量、现金流入量和净现金流量三个具体概念。

① 现金流出量。

在投资决策中,一个方案的现金流出量指的是在实施此方案的整个过程中所需投入的资本。它主要包括:投放在固定资产上的资金,项目建成投产后为正常经营活动而投放在流动资产上的资金,以及为使机器设备正常运转而投入的维护修理费等。

② 现金流入量。

与现金流出量相对应,现金流入量指的是由于实施了该方案而增加的现金。现金流入量主要包括:经营利润,固定资产报废时的残值收入,项目结束时收回的原投入在该项目流动资产上的流动资金,以及非付现成本(如固定资产的折旧费用)。之所以将固定资产的折旧费用作为现金流入量,是因为计提固定资产折旧将导致营业利润的下降,但并不会引起现金的支出。

③ 净现金流量。

净现金流量指的是现金流入量与现金流出量之间的差额。如果现金流入量大于现金流出量,称为净现金流入量;否则,便称为净现金流出量。

由于一个项目从准备投资到项目结束,经历了项目准备及建设期、生产经营期及项目终止期三个阶段,因此有关项目净现金流量的基本计算公式为:

净现金流量=投资现金流量+营业现金流量+项目终止现金流量

= -(投资在固定资产上的资金+投资在流动资产上的流动资金)

+(各年经营损益之和+各年所提折旧之和)

+(固定资产的残值收入+收回原投入的流动资金)

从净现金流量的基本计算公式中可以看到,有关项目的净现金流量包括投资现金流量、营业现金流量和项目终止现金流量。缴纳所得税也是企业的一项现金流出,因此在计算有关现金流量时,还应该考虑所得税的影响。

3. 折现率的确定

在资本化投资决策过程中,需要将不同时点的现金流量按照一定的折现率折现到同一时点,再比较资本投资和收益之间的大小。大多数企业在资本筹资时,都要对各种资本来源进行组合,各种资本来源的比例取决于企业的目标资本结构,这种融资组合的平均资本成本就应该作为投资的折现率。在融资组合中,债务资本来源的成本称为债务资本成本,权益资本来源的成本称为权益资本成本。然后结合目标的资本结构,我们就可以计算出该项投资的加权平均资本成本。加权平均资本成本的计算公式为

$$K = K_s \frac{S}{B+S} + K_b(1-T)\frac{B}{B+S}$$

式中,K 为加权平均资本成本,K_s 为权益资本成本,K_b 为税前债务资本成本,T 为所得税税率,B 为债务资本价值,S 为股东权益价值。

加权平均资本成本是企业为该项投资融资的平均成本,因此通常被用来作为资本化投资决策评价过程中的折现率。应该注意的是,项目的折现率选择应该与现金流量的风险相对应,如果采用项目的实体现金流量,则应该使用加权平均资本成本作为项目的折现率;如果使用股权现金流量,则应该使用权益资本成本作为项目的折现率。实体现金流量与股权现金流量的关系为:

$$股权现金流量 = 实体现金流量 - 债权人现金流量$$

4. 资本化投资决策的基本方法

资本化投资决策中对投资项目进行评价时所用的指标通常分两类:一类是静态投资决策指标,指的是没有考虑时间价值因素的指标,所以也称为非折现指标,主要包括投资回收期和投资报酬率等;另一类是动态投资决策指标,指的是考虑了时间价值因素的指标,故也称为折现指标,主要包括净现值、现值指数、内部报酬率及外部收益率等。

① 投资回收期法。投资回收期指的是自投资实施起,至收回初始投入资本所需的时间,即能够使与此方案相关的累计现金流入量等于累计现金流出量的时间。

在初始净投资(NII)一次支出,每年现金流入量(CF)相等时,有

$$投资回收期 = \frac{初始净投资}{每年现金流入量} = \frac{NII}{CF}$$

如果现金流入量(CF)每年不等,或初始净投资(NII)是分次投入(假设分 m 年投入)的,则可使下式成立的 n 为投资回收期:

$$\sum_{t=0}^{m} NII_t = \sum_{t=0}^{n} CF_t$$

式中,NII_t 为第 t 年的初始净投资额,CF_t 为第 t 年的现金流入量。

② 投资报酬率法。投资报酬率也叫投资利润率或会计利润率,它表示年平均利润占总投资的百分比,即

$$投资报酬率 = \frac{年平均利润}{投资总额} \times 100\%$$

③ 净现值法。净现值(NPV)指的是在方案的整个实施运行过程中,所有现金净流入年份的现值之和与所有现金净流出年份的现值之和的差额,即

$$净现值 = \sum_{t=1}^{n} \frac{I_t}{(1+i)^t} - \sum_{t=1}^{n} \frac{O_t}{(1+i)^t}$$

式中,n 为项目的实施运行时间(年份);I_t 为在项目实施第 t 年的净现金流入值;O_t 为在项目实施第 t 年的净现金流出值;i 为预定的折现率。如果第 t 年的净现金流量为正值,则表示该年有净现金流入 I_t,反之则表示有净现金流出 O_t。

④ 获利指数法。获利指数(PI)也叫现值指数,指的是在整个方案的实施运行过程中,所有现金净流入年份的现值之和与所有现金净流出年份的现值之和的比值,即

$$PI = \frac{\sum_{t=1}^{n} \frac{I_t}{(1+i)^t}}{\sum_{t=1}^{n} \frac{O_t}{(1+i)^t}}$$

式中，n，I_t，O_t 和 i 的含义与净现值公式中的相同。

⑤ 内部报酬率法。内部报酬率(IRR)反映的是方案本身实际达到的报酬率，它是在整个方案的实施运行过程中，当所有现金净流入年份的现值之和与所有现金净流出年份的现值之和相等时方案的报酬率，亦即能够使项目的净现值为零时的报酬率，即满足方程：

$$\sum_{t=1}^{n} \frac{I_t}{(1+i)^t} = \sum_{t=1}^{n} \frac{O_t}{(1+i)^t}$$

⑥ 外部收益率法。外部收益率(ERR)是根据内部报酬率的再投资假设的不足而提出来的，它是指使一个投资项目投资额的终值与各年净现金流量按预定的收益率计算的终值之和相等时的收益率，计算公式为

$$NII(1+ERR)^n = \sum_{t=1}^{n} NCF_t(1+r)^n$$

式中，NII 为初始净投资额，NCF_t 为第 t 年的净现金流入量。

5. 资本化投资决策的风险分析

对资本化投资项目进行风险分析和评价，有两类基本的方法。第一类方法称为风险调整法，将风险因素考虑到项目评价指标的计算过程中，即根据风险通过调整未来现金流量和折现率来重新评价项目的价值。这类方法简单易操作，且最终的评价结论有一致的判断标准。第二类方法通过改变项目评估的假设条件来分析这一改变对项目评价结果的影响程度，根据评价结果的变动程度来评价项目的风险高低。这种方法主要包括敏感性分析方法、盈亏平衡分析方法和决策树分析方法等。这些方法都是对基本状态分析方法的补充，运用时必须结合基本状态分析方法。但是，它们的分析结果没有一致的判断标准。最终的评价结果仍然要依靠决策者的主观判断和对风险的偏好程度。

6.1.9 全面预算

全面预算，又称总预算或全面预算管理，是企业对预算期内的经验决策所定目标的全面综合的财务描述。它以销售预测为起点，按照企业既定的经营目标，对企业未来特定期间的销售、生产、成本、现金收支等方面的活动进行预测，并在此基础上，编制出预测的利润表、预测的资产负债表等预计的财务报表及其附表，以反映企业在此特定期间的经营成果和财务状况。

1. 全面预算编制的资料准备

① 各项预测决策的结果：相关的预测数据是企业编制全面预算的基础，包括企业的

销售预测、产品售价预测、单位变动成本和固定成本的预测等数据。

② 预编本年度的资产负债表：由于编制预算需要预编本年度的资产负债表，而本年度的资产负债表在编制下年度预算时，还未编制，因此要预编本年度的资产负债表。

③ 各项标准用量和标准价格：标准用量是指直接材料用量、直接人工标准耗用工时等；标准价格主要包括直接材料标准价格、直接人工标准工资率、各项变动制造费用及销售管理费用标准分配率、固定制造费用及销售管理费用标准支出额。

④ 其他相关资料：各季度的销售所得金额占当季销售额的比率；各季度材料采购支出金额占采购额的比率；各季度末产品存货数量占下季度销售量的比率；各季度材料存货占下季度生产用量的比率等。

2. 全面预算编制的原理

企业经营全面预算和财务预算的预算期通常为一年，并且与企业的会计年度相一致。编制顺序是先编制销售预算；然后以以销定产的方法，依次编制生产预算、直接材料采购预算、直接人工预算、制造费用预算、销售及管理费用预算等，同时编制各项专门决策预算；最后根据业务预算和专门决策预算编制财务预算。企业的财务预算是在上述经营预算和资本支出预算的基础上，按照一般会计原则和方法编制出来的，具体如图6-1所示。

① 销售预算。

通过对企业未来产品销售情况所作的预测，推测下一预算期的产品销售量和销售单价，这样就可求出预计的销售收入。

$$销售收入 = 销售量 \times 销售单价$$

由于销售预算是其他预算的起点，并且销售收入是企业现金收入最主要的来源，因此销售预测的准确程度对整个全面预算的科学合理性起着至关重要的作用。

② 生产预算。

生产预算是根据预计的销售量和预计的期初、期末产成品存货量，按产品分别计算出每一个产品的预计生产量，计算方法为：

$$预计生产量 = 预计销售量 + 预计期末产成品存货量 - 预计期初产成品存货量$$

在进行生产预算时，不仅要考虑到企业的销售能力，还要考虑到预算期初和期末的存货量，目的就是要尽可能降低产品的单位成本，避免因存货过多而造成的资金积压和浪费，或因存货不足、无货销售而导致收入下降的情况发生。

③ 直接材料预算。

预计生产量确定以后，按照单位产品的直接材料消耗量，同时考虑预计期初、期末的材料存货量，便可以编制直接材料预算。

$$预计直接材料采购量 = 预计生产量 \times 单位产品耗用量 + 预计期末材料存货 - 预计期初材料存货$$

根据计算所得到的预计直接材料采购量，不仅可以安排预算期内的采购计划，也可得到直接材料预算额。

$$直接材料预算额 = 预计直接材料采购量 \times 直接材料单价$$

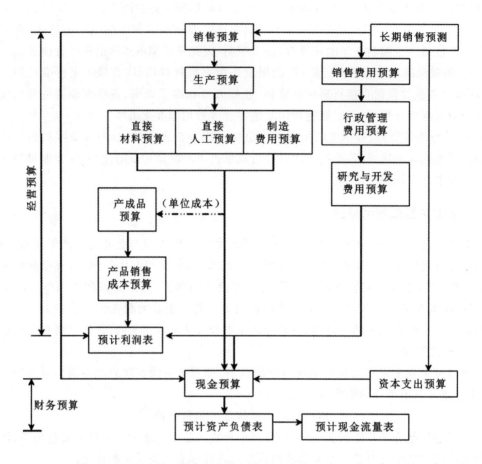

图 6-1 生产经营全面预算

与生产预算相同,在编制直接材料预算时考虑期初、期末存货的目的也在于尽可能降低产品成本,避免因材料存货不足而影响生产,或因材料存货过多而造成资金的积压和浪费。

④ 直接人工预算。

直接人工预算与直接材料预算相似,也是在生产预算的基础上进行的。

直接人工预算额＝预计生产量×单位产品直接人工小时×小时工资率

⑤ 制造费用预算。

制造费用预算是除直接材料和直接人工以外的其他产品成本的计划。这些成本按照与生产量的相关性,通常可分为变动制造费用和固定制造费用两类(即通常所说的成本性态分类)。不同性态的制造费用,其预算的编制方法也完全不同。因此,在编制制造费用预算时,通常是将两类费用分别进行编制。

变动制造费用与生产量之间存在着线性关系,因此其计算方法为：

变动制造费用预算额＝预计生产量×单位产品预定分配率

固定制造费用与生产量之间不存在线性关系,其预算通常都是根据上年的实际水平,经过适当的调整而取得的。此外,固定资产折旧作为一项固定制造费用,不涉及现金的支出,因此在编制制造费用预算,计算现金支出时,需要将其从固定制造费用中扣除。

⑥ 期末产成品存货预算。

期末产成品存货影响生产预算,且其预计金额直接对预计利润表和预计资产负债表产生影响。其预算方法为:先确定产成品的单位成本,然后将产成品的单位成本乘以预计的期末产成品存货量。

⑦ 销售成本预算。

销售成本预算是在生产预算的基础上,按产品对其成本进行归集,计算出产品的单位成本,即

$$销售成本预算 = 产品单位成本 \times 预计销售量$$

⑧ 销售与管理费用预算。

销售与管理费用包括除制造费用以外的其他所有费用,这些费用的预算编制方法与制造费用预算的编制方法相同,也是按照费用的不同性态分别进行编制。

⑨ 现金预算。

现金预算是所有有关现金收支预算的汇总,通常包括现金收入、现金支出、现金多余或现金不足,以及资金的筹集与应用等四个组成部分。现金预算是企业现金管理的重要工具,它有助于企业合理安排和调动资金,降低资金的使用成本。

⑩ 预计利润表。

预计利润表是在上述各经营预算的基础上,按照权责发生制的原则编制的,其编制方法与编制一般财务报表中的利润表相同。预计利润表揭示的是企业未来的盈利情况,企业管理当局可据此了解企业的发展趋势,适时调整其经营策略。

⑪ 预计资产负债表。

预计资产负债表反映的是企业预算期末各账户的预计余额,企业管理当局可以据此了解到企业未来期间的财务状况,以便采取有效措施,防止企业不良财务状况的出现。

预计资产负债表是在预算期初资产负债表的基础上,根据经营预算、资本支出预算和现金预算的有关结果,对有关项目进行调整后编制而成的。

3. 全面预算的编制方法

全面预算内容几乎包括企业生产、销售、研发、分配、筹资等所有的经济活动。针对不同预算内容和实际需要,在编制全面预算时应采用不同的预算编制方法,以便经济地编制预算,提高预算效率,更好地发挥预算的作用。

按照编制时的基础不同,全面预算可分为固定预算与弹性预算两大类。

按是否以基期为水平,成本预算分为增量预算和零基预算两种。

按照预算期是否连续,编制预算的方法可分为定期预算与滚动预算两种。

6.1.10 企业战略业绩评价

企业业绩评价是指人们为了实现生产经营目标,采取科学的方法和特定的指标体系,对照统一的评价标准,对企业一定时期内的生产经营活动作出客观、公正的价值判断。良好的业绩评价体系可以将企业的战略目标具体化,并且有效地引导管理者的决策行为。战略业绩评价扩充了业绩评价的范围,将包括企业外部和企业内部、财务指标和非财务指标、定性和定量的分析方法等都纳入评价体系,从战略高度对企业的经营业绩进行评价,这将更加有利于企业战略目标的实现,并及时反馈信息,有利于企业及时进行战略调整以取得或保持竞争优势。

一个完整的企业战略业绩评价体系包括评价主体、评价客体、评价目标、评价指标、评价标准、评价方法和评价报告等因素。它们之间的关系如图 6-2 所示。

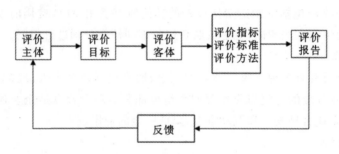

图 6-2　企业战略业绩评价体系

近年来,企业战略业绩评价呈现出两种发展趋势:一是使用经济增加值进行战略业绩评价;二是使用平衡计分卡进行战略业绩评价。

1. 经济增加值

经济增加值(EVA)是一个衡量公司价值创造的有用的战略指标。经济增加值是从税后净营业利润中扣除包括股权和债务的所有资金成本后的真实经济利润。EVA 指标背后的逻辑是,企业所运用的每一分钱,无论是募股资金还是债务资金——也就是说无论来自股权投资还是债权投资,都有其成本。只有企业创造的利润超出这些成本后有余额,才是真正为投资者创造了财富。EVA 可以让投资者了解所投资的公司是否真正创造了价值,是否实现了对股东资本的机会成本的基本回报,是投资者决策下一轮投资的依据。EVA 概念表达了这样一种思想:只有在公司所有的经营成本与资本成本都被扣除后,财富才会产生。其计算公式如下:

$$EVA = 经营净利润 - 资本(债务和股权投资)成本$$
$$EVA = 投入资本额 \times (投入资本收益率 - 加权平均资本成本)$$
$$EVA = 税后净营业利润 - 资本成本$$
$$= 税后净营业利润 - 资本总额 \times 加权平均资本成本$$

2. 平衡计分卡

作为 20 世纪 90 年代最重要的管理会计创新,平衡计分卡较好地解决了企业战略、业绩和评价指标之间的联系与平衡问题,受到理论界和实务界的广泛关注。该方法最突出的特点是将企业愿景、使命和发展战略与企业的业绩评价系统联系起来,从财务指标、顾客角度、内部流程、学习和成长等维度,将企业的使命和战略转变为具体的目标和评测指标,以实现战略和业绩的有机结合。

① 平衡计分卡——财务。

财务指标显示了公司的战略及其执行是否有助于利润的增加。典型的财务指标有营业收入增长率、资本报酬率、现金流量和经济增加值等。

② 平衡计分卡——顾客。

顾客所关心的事情有四类:时间、质量、性能和服务成本。平衡计分卡要求经理们把自己为顾客服务的承诺转化为具体的测评指标,这些指标应能真正反映与顾客有关的因素。典型的指标包括顾客满意程度、顾客保持程度、新顾客的获得、顾客盈利能力、市场占有率、重要顾客的购买份额等。

③ 平衡计分卡——内部经营过程。

战略管理以顾客为导向,优异的顾客绩效与组织的研发、生产、售后服务密不可分,经理必须从内部价值链分析入手,对企业内部进行考察。典型的指标包括影响新产品引入、周转期、质量、雇员技能和生产率的各种因素。

④ 平衡计分卡——学习和创新。

公司创新、提高和学习的能力,是与公司的价值直接相关的。也就是说,只有通过持续不断地开发新产品,为顾客提供更多价值并提高经营效率,公司才能打入新市场,才能增加收入和利润,才能壮大发展,从而增加股东价值。典型的指标有开发新产品所需时间、产品成熟过程所需时间、新产品上市时间等。

6.2 实训任务

6.2.1 会计与财务管理部门团队构建与组织结构设计

【实训目的】

了解会计与财务管理部门的业务情况、工作流程和工作职责,根据仿真环境设计出合理的组织结构图。

【任务类别】

现场任务。

【实训组织】

会计专业或者财务管理专业的指导教师 1 名。

学生可以按照 4~6 人进行分组。

【实训准备】

知识准备:掌握会计与财务管理部门的情况,研究管理会计应用指引,同时对组织结构设计知识有一定的了解。

物品准备:笔、纸张。

设备设施:跨专业综合实训软件平台。

【实训内容】

① 根据跨专业综合实训软件平台涉及的生产业务,完成会计与财务管理部门组织结构图(见附录 18)。

② 根据业务清单进行岗位分工,并完成岗位职责说明书(见附录 13)。

③ 会计与财务管理部门负责人进行人员岗位分工,并完成人员分工明细表(见附录 14)。

扫二维码,下载附录 18。

扫二维码,下载附录 13。

扫二维码,下载附录 14。

附录 18　　　附录 13　　　附录 14

6.2.2　战略管理会计:战略地图设计

【实训目的】

树立战略管理会计理念,根据企业实际情况对会计与财务管理业务进行战略规划地图设计。

【任务类别】

现场任务。

【实训组织】

会计专业或者财务管理专业的指导教师 1 名。

学生可以按照 4~6 人进行分组。

【实训准备】

知识准备:了解战略管理会计、战略成本管理、战略规划地图设计、战略业绩评价等内容。

物品准备:笔、纸张。

设备设施：跨专业综合实训软件平台。

【实训内容】

根据模拟环境的实际情况，对会计与财务管理业务进行战略规划地图设计。

6.2.3 成本性态分析

【实训目的】

了解成本的分类，理解成本性态分析方法，掌握成本性态分析方法在企业管理中的具体应用。

【任务类别】

现场任务。

【实训组织】

会计专业或者财务管理专业的指导教师 1 名。

学生可以按照 4~6 人进行分组。

【实训准备】

知识准备：固定成本和变动成本的概念、性质；混合成本及其种类和相关范围；混合成本的分解方法，以及成本性态分析在管理中的应用。

物品准备：笔、纸张。

设备设施：跨专业综合实训软件平台。

【实训内容】

① 根据企业实际情况，对企业成本进行分类。

② 灵活运用多种方法对混合成本进行分解，并掌握方法的运用范围。

6.2.4 本量利分析

【实训目的】

掌握本量利方程、盈亏平衡分析、贡献毛利和安全边际的计算，实现目标利润的销售量测算。

【任务类别】

现场任务。

【实训组织】

会计专业或者财务管理专业的指导教师 1 名。

学生可以按照 4~6 人进行分组。

【实训准备】

知识准备：贡献毛利、盈亏平衡点、安全边际、经营杠杆等重要概念。

物品准备：笔、纸张。

设备设施：跨专业综合实训软件平台。

【实训内容】

① 在成本性态分析的基础上进一步掌握成本、业务量与利润三者之间的数量依存关系。

② 企业主营业务贡献毛利、盈亏平衡点、安全边际、经营杠杆等计算分析,为企业预测、决策、规划、控制提供依据。

6.2.5 经营预测:销售、成本与利润分析

【实训目的】

了解经营预测的内容及意义,掌握销售预测与成本预测、利润预测、资金需要量预测的方法及它们之间的关系。

【任务类别】

现场任务。

【实训组织】

会计专业或者财务管理专业的指导教师1名。

学生可以按照4~6人进行分组。

【实训准备】

知识准备:了解企业经营预测的相关知识。

物品准备:笔、纸张。

设备设施:跨专业综合实训软件平台。

【实训内容】

① 了解预测分析的方法和程序,明确企业经营预测分析包含的具体内容。

② 执行销售预测与成本预测、利润预测、资金需要量预测。

6.2.6 经营决策:生产、定价与成本决策

【实训目的】

理解经营决策的含义,掌握定价决策、生产决策和成本决策的相关概念和基本操作。

【任务类别】

现场任务。

【实训组织】

会计专业或者财务管理专业的指导教师1名。

学生可以按照4~6人进行分组。

【实训准备】

知识准备:决策分析的分类和方法相关知识。

物品准备:笔、纸张。

设备设施:跨专业综合实训软件平台。

【实训内容】
① 根据企业实际经营情况,明确企业选择经营决策的依据。
② 为管理者面临的经营问题提供决策方案,以使企业经济效益最大化。

6.2.7 资本化投资决策

【实训目的】
理解资本化投资决策的意义,建立起货币资金价值的观念,灵活运用几种典型的长期投资决策方法。

【任务类别】
现场任务。

【实训组织】
会计专业或者财务管理专业的指导教师1名。
学生可以按照4~6人进行分组。

【实训准备】
知识准备:资本化投资决策、货币资金价值及折现率、现金流量的含义及意义,常用的长期投资决策方法。
物品准备:笔、纸张。
设备设施:跨专业综合实训软件平台。

【实训内容】
① 根据企业经营实际情况,指出企业资本化投资的影响因素。
② 灵活运用资本化投资决策的基本方法并进行风险分析。

6.2.8 全面预算管理

【实训目的】
了解全面预算的含义,掌握全面预算的编制原理和编制方法。

【任务类别】
现场任务。

【实训组织】
会计专业或者财务管理专业的指导教师1名。
学生可以按照4~6人进行分组。

【实训准备】
知识准备:全面预算的含义、编制原则及编制方法。
物品准备:笔、纸张。
设备设施:跨专业综合实训软件平台。

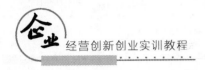

【实训内容】

① 准备全面预算编制所需的资料。

② 编制企业经营预算和财务预算。

③ 熟练运用全面预算的各种编制方法。

6.2.9　企业战略业绩评价

【实训目的】

了解企业战略业绩评价的概念,掌握战略业绩评价的方法,为参与企业经营管理打好基础。

【任务类别】

现场任务。

【实训组织】

会计专业或者财务管理专业的指导教师1名。

学生可以按照4~6人进行分组。

【实训准备】

知识准备:战略业绩评价的内涵、经济增加值以及平衡计分卡的含义和运用。

物品准备:笔、纸张。

设备设施:跨专业综合实训软件平台。

【实训内容】

① 编制企业战略业绩评价体系。

② 运用经济增加值进行战略业绩评价。

③ 运用平衡计分卡进行战略业绩评价。

第7章 物流中心

学习目标
1. 了解物流中心业务内容；
2. 掌握物流中心团队构建与组织结构设计；
3. 掌握物流合同的签订和管理方法；
4. 掌握物流服务方案的设计；
5. 掌握物流客户服务和管理方法。

重点、难点
物流中心团队构建与组织结构设计、物流合同的签订和管理、物流服务方案设计。

7.1 业务概述

7.1.1 物流中心业务规则

国家标准《物流术语》，将物流中心定义为："具有完善的物流设施及信息网络，可便捷地连接外部交通运输网络，物流功能健全，集聚辐射范围大，存储、吞吐能力强，为客户提供专业化公共物流服务的场所。"

物流中心是从国民经济系统要求出发,所建立的以城市为依托,开放型的物品储存、运输、包装、装卸等综合性的物流业务基础设施。物流中心是以交通运输枢纽为依托,建立起来的经营社会物流业务的货物集散场所。根据物流中心在虚拟仿真实训环境中的地位、作用及其相关业务,物流中心的主要业务规则如下。

第一,物流中心是仿真市场中唯一的营利性物流服务提供商,其宗旨是为仿真市场中所有的单位和组织提供有偿性的物流服务。

第二,物流中心严格执行国家流通政策和有关法律法规的规定,坚守行业自律,不得随意泄露客户信息。

第三,物流中心有一定的规模和实力,可随时为市场中的任一物流服务需求方提供物流服务。

第四,物流中心受仿真实训环境中市场监督管理部门的监管。

第五,物流中心对与生产企业签订的合同和订单进行管理。

第六,物流中心内部对仓储资源进行管理。

第七,物流中心中的运输业务的管理。如果物流中心未按时将货物运输给收货方,则需要对收货方进行相应的赔偿。

根据物流中心在仿真实训环境中的业务分配,它涉及的业务主要有合同管理、仓储管理以及运输业务管理,如图7-1所示。

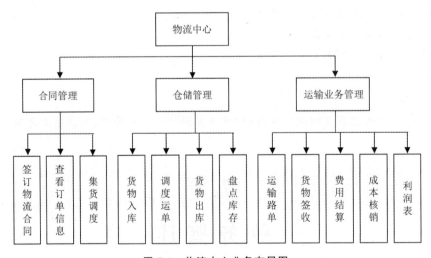

图7-1 物流中心业务布局图

7.1.2 物流合同的签订和管理

1. 物流合同的签订

物流合同是指物流服务需求方与物流经营人订立的,约定由物流经营人为物流服务需求方完成一定的物流行为,物流服务需求方支付相应报酬的合同。

签订物流合同应遵循以下原则。

① 所签合同要合理。

合同中要考虑双方的利益,达到双赢的目标。只考虑一方赚钱,而使另一方无利可图,这样的合同即使签下来,履约中也会出现各种问题。实践证明,如双方的理念一致,所签合同的目标相同,履约中一般就不会产生什么问题,即使有问题也较容易解决。

② 所签合同要完善。

物流商与客户签订合同是一种非常复杂的过程,任何一方在签约前考虑不周或者准备不足,都有可能在未来执行合同中出现问题。此外,合同的执行标准及衡量标准,是客户与物流商在签约时首先应协商解决的问题,但在实践中,大量的合同根本未对此作出规定,导致双方在执行合同或对所提供的物流服务产生争议。

③ 服务范围要明确。

许多物流商往往忽视了服务范围的重要性。物流商与客户第一次合作签订合同时,一定要明确地界定服务范围,包括如何为客户提供长期的物流服务、服务的具体内容、服务到何种程度及服务的期限,总之要对服务好到何种程度有一些具体的规定。否则,物流商对要干什么都不清楚,而客户也不清楚支付的是什么服务费用。服务范围应详细描述有关货物的物理特征,所有装卸、搬运和运输要求,运输方式,信息流和物流过程中的每一个细节。

④ 不要误导客户。

物流商不要为了争取客户而使其产生误解,应让客户认识到,没有哪个物流方案能十全十美地解决企业的全部问题。即使要解决某一方面的问题,也需要详尽地策划并留足时间,有付诸实施这样一个过程,最终才能见效。

⑤ 避免操之过急。

许多企业在尚未做好任何准备的情况下,就去寻求物流商的帮助,并对物流商寄予过高的期望,匆匆签约,或许他们有太多亟待解决的问题,但这样做往往导致出错的后果。

⑥ 合同具有可行性。

对于专业性较强的企业,签约前应向有关专家咨询,甚至请他们参与谈判,分析企业生产、管理的特殊性、特殊要求及需要特别注意的问题,避免留下难以弥补的后患。对于物流商来说,经过努力仍无法做到的方面,千万不要轻易承诺。

⑦ 必须考虑经济性。

物流商接受和签订的协议影响最终能产生效益的项目,而适当水平的物流成本开支必然与所期望的服务表现有关。要取得物流企业的领导地位,关键是要掌握使自己的能力与关键客户的期望和需求相匹配的艺术。对客户的承诺是形成物流战略的核心。一个完善战略的形成,需要具有对达到所选方案的服务水平所需成本的估算能力。

⑧ 条款要有可塑性。

物流商在签订协议时,要掌握好一种尺度,即达到何种水平。比较好的尺度是,将合同定为中间性的、可改进的方案的程度上,而非最终方案的程度上,以便为今后几年留出

调整、改进的余地。合同条款要订好,要有保护措施,轻易不要订立那种没有除外责任、没有责任限额的条款,否则将收取很少的费用而承担无限的责任,赔偿整个货价;轻易不要订立严格责任制条款,而要争取过失责任制条款。

2. 物流合同的管理

物流合同的内容比较复杂,包括物流系统设计、具体物流运作标准、费用计算办法、对物流服务的特殊要求等。另外,不同物流合同对合同事项约定的差异比较大,上述物流合同约定事项并非在每个物流合同中都是齐全的。并且,物流过程是一个长期的、合作的过程,合同必须对此加以体现,对于物流环节出现纰漏或由于一方的过错导致物流中断,物流合同需要约定解决办法、费用及责任的承担。因此,物流合同的管理应通过以下过程来进行。

① 物流合同签署前。

在签署合同之前,必须明确签合同的目的是什么,围绕这个目的才能集合企业所有的力量来对这份合同做准备工作。另外,在签署合同前,还要注意审查合同对方主体资信,请对方自行提供自身基本情况的资料,如企业营业执照、税务登记证等企业证照。必要时,要求对方到工商局、税务局、银行等开具最新档案信息资料。

② 物流合同签署时。

第一,确定谈判负责人。进入合同签署的阶段后,需要确认与对方谈判的人员。一般情况下,谈判人员为企业的业务人员,但对于较大合同,则需由企业业务人员、法务人员、相关技术人员等会同参与谈判。第二,确定文本内容审核负责人。文本内容的全面审核工作一般会交给法务部门,但法务人员往往没有参与合同签署的全过程,审查内容时难免会有遗漏或者偏颇。合同是整个项目谈判的呈现载体,也是日后履约的依据,所以应由全程跟进项目的业务人员与法务人员共同负责合同内容的全面审查。第三,指定一人跟进合同签署、执行的全部流程。第四,合同文本的审查。不同类型的合同有着不同的审核要点,例如买卖合同重点审查对标的物的质量约定、价款约定、数量约定等,运输合同重点审查运输方式的约定、运费核算的约定、运输风险的约定等。一般合同的通用条款审查要点为:合同首部是否列明了双方主体信息;合同签署的背景及目的描述是否清楚明确;对双方的权利义务的描述是否详细、准确,是否体现了谈判结果并具有可执行性;违约条款是否具有可执行性;法律适用及管辖条款是否明确;签署与生效条款是否明晰。第五,合同签署的形式完善。这主要指双方均需签署、骑缝签署、具有自然人主体的注意内容、当面签署或安排签署见证人。

③ 物流合同履行时。

合同签署完成后应交由专人保管,并严格按照合同约定开始履行。合同的履行需要注意以下问题。第一,签署合同后,应及时将原件交给存档部门存档,并由合同执行的负责人留存合同副本,以便随时查阅合同并按照合同约定内容履行合同。第二,合同执行负责人督促企业各部门推进合同履行进度。第三,合同履行过程中若出现履行障碍应及时通知对方,并协商处理方式。第四,合同履行过程中注意使用约定的联系方式。第五,合同履行过程中若出现对方违约,应及时采取救济手段,进行催促或提起法律救济程序,以免超过时效。

④ 物流合同履行后。

合同履行后,应对合同进行妥善的归档、保管并对合同进行登记、分析。第一,合同应交由企业档案管理部门进行归档。第二,合同登记的项目应由企业的业务部门与归档部门一同汇总,共同完成登记工作。第三,合同归档之前进行扫描,留存合同电子版,做到纸质文件与电子文件的统一。第四,建立客户档案信息。对通过签署合同得知的客户信息进行汇总,方便日后查询。第五,建立客户评价系统。第六,定期对合同进行汇总、整理,从不同的角度对合同进行分类、分析。

7.1.3 物流服务方案的设计

物流服务方案主要包括客户需求理解、解决方案设计、保障方案设计等方面。

1. 客户需求理解

一定要同客户充分沟通,了解物流项目的背景、客户的期望、竞争对手的运营现场等,并获取充足的数据。了解项目的背景,才能知道是新立项的项目,还是客户想更换现有的物流供应商。了解客户的期望,才能知道客户是想提升运营质量,还是想降低整体物流费用,或是想试验一下市场上最新的设备或者系统以期提升企业运营效率。获取充足的数据,才能算出物流商的成本收益,才能推算出客户期望的,也是物流商能接受的报价。

2. 解决方案设计

解决方案是整个物流服务方案的核心,是客户关注的重点。一般来说,在进行物流方案设计的时候,需要尽可能了解企业运营情况和发展预期。一个好的物流解决方案,通常兼顾客户、企业盈利的需求。设计解决方案时,需要把如何满足客户的需求讲清楚。一般来说,解决方案主要分为以下几个部分。

① 仓储业务方案。

仓储业务方案主要包含仓库的布局设计,各种人员、设备等资源如何进行配置等。仓储业务方案设计涉及大量的数据处理。以仓库为例,需要通过测算周转率、出入库量、重抛比并进行 ABC 分类,结合物流作业流程,才能大概确定仓库的面积,怎么划分面积,如何进行收货区、存储区、发货区等功能区域的设置,需要什么类型的货架,以及库位数量等。不同行业的仓库布局和特点不尽相同,因此在进行仓库设置时需要充分考虑到行业特性。

② 包装业务方案。

在设计包装业务方案时,需要从数据着手,拆分企业运营的具体作业步骤,针对每个步骤,配置自动化、半自动化、手工包装设备和人数,做到成本和效率的平衡。根据计算好的包装线条数,匹配包装车间大小。如果计算面积与实际面积差异很大,还需要反向测算,找到平衡。另外,在配置包装线设备的时候,还要考虑到以后生产效率提升的空间,比如将劳动密集型升级为全自动型,需要提前预留出调整的空间。这些都是需要方案设计人员深思熟虑的。

③ 运输方案。

相较于仓储业务方案和包装业务方案,运输方案具有很强的针对性。企业所处的行业、企业规模、企业运营方式都对运输方案有很大的影响。常规的运输方案一般都是根据客户的需求线路简单整合线路。另外,运输方案中可说明运输系统的智能性和可操控性,并彰显运输系统运力池的雄厚实力,如针对高峰期的调车能力、针对突然事件的应急能力、针对货损的保险能力、针对车辆的改装能力等。

3. 保障方案设计

保障方案也是物流服务方案中不可或缺的组成部分,因为保障方案涉及客户物流业务的质量以及突发状况的应对。最基础的保障方案一般涉及安全和质量两个方面的管控措施,尤其是仓储类业务。除了基础保障之外,就是客户比较关注的应急管理,如客户订单量激增时如何应对,人员、设备、场地等如何部署,出现一些安全或者质量事故时如何管控等。

7.1.4 物流客户服务和管理

1. 物流客户服务

① 物流客户服务的概念和内涵。

物流客户服务是指物流企业为促进其产品或服务的销售,发生在物流客户与物流企业之间的相互活动。物流管理的实质就是在使物流客户满意的基础上,向物流客户高效、迅速地提供产品。在企业经营战略中首先应确立为客户服务的目标,然后再通过为客户服务来实现差别化的战略。

在物流客户服务中,基本服务是社会化物流企业能够向客户提供的最低限度的和通常的服务。基本服务所遵循的原则主要有:第一,满足客户的基本需求,奉行"客户就是上帝"宗旨,服务带有被动性;第二,以服务的买卖双方为交换对象,双方是一种合同关系,不是伙伴关系;第三,以无故障或低故障服务为服务水平的目标,这个目标带有保守性;第四,服务面向大众,所有客户享受同等待遇,即实行完全同等的服务方式和达到同等的服务水平。

物流客户服务的内涵如下。第一,物流客户服务是一项工作。物流客户服务是为了满足客户要求而进行的一项特殊工作,包括订单处理、技术培训、零配件供应、处理退货及投诉、产品咨询等具体的活动。第二,物流客户服务是一套业绩评价,通常包括产品可得性评价、订货周期和可靠性评价、服务系统的灵活性评价等。产品可得性评价的内容包括存货的百分比、准确满足订货的百分比、送达产品达到销售状态(无货损)的百分比等。订货周期和可靠性评价的内容包括从客户订货到送货的时间、转运时间(从仓库到客户的时间)、订货准备时间(仓库收到订单到发货的时间间隔)、在规定时间内发货的百分比、仓库在 X 天内将产品送达客户的百分比等。服务系统的灵活性评价的内容包括最低订货数量、特快发货或延迟发货的可能性、订货的方便性和灵活性等。第三,物流客户服务是一种观念。物流客户服务是企业对客户的一种承诺,是企业战略的一个主要组成部分。它与当今企业高度重视的质量管理是完全一致的,需要引起高层管理人员的重视。企业不能将客户服务狭义地理解为一种活动或是一套业绩评价,而应将客户服务思想渗透到整个企业,使它的各项活动制度化。

② 物流客户服务的类型。

随着物流的不断发展,人们对物流的认识不断加深,物流客户服务的功能逐渐被人们开发出来,物流客户服务逐渐得到了企业和社会的关注,也成为顾客选择服务时的参考因素。物流客户服务主要包括以下几个方面。

第一,运输服务。运输是物流服务的基本服务内容之一。物流的主要目的就是要满足顾客在时间和地点两个条件下对一定货物的要求,时间的变换和地点的转移是实现物流价值的基本因素。企业既可以通过拥有自己车辆的方式自己设计运输系统,也可将这项物流业务外包给专业物流公司。专业物流公司一般拥有或掌握有一定规模的运输工具。具有竞争优势的物流经营者的物流设施不仅仅局限在一个点上,而形成一个覆盖全国或较大区域的网络。因此,专业物流公司首先可能要为顾客设计最合适的物流系统,选择满足顾客需要的运输方式,然后具体组织网络内部的运输作业,在规定的时间内将顾客的商品运抵目的地。除了在指定交货点的交货需要顾客配合外,整个运输过程,包括最后的市内配送都可由专业物流公司完成。

第二,保管服务。保管是物流服务的第二大职能,它实现了物流的时间价值。对于企业来说,保管功能是通过一定的库存来实现的。与运输一样,企业既可以构建自己的仓库,或租用仓库,来对产品进行管理,也可以交给第三方物流来完成这项服务。

第三,配送服务。配送是物流服务的第三大职能。配送是将货物送交收货人的一种活动。它的目的是要做到收发货经济,运输过程更为完善,保持合理库存,为顾客提供方便,可以降低缺货的危险,减少订发货费用。

第四,装卸服务。装卸是为了加快商品的流通速度必须具备的功能。无论是传统的商务活动还是电子商务活动,都必须配备一定的装卸搬运能力。专业物流公司应该提供更加专业化的装载、卸载、提升、运送和码垛等装卸搬运机械,以提高装卸搬运作业效率,降低订货周期,减少作业对商品造成的破损。

第五,包装服务。物流的包装作业目的不是改变商品的销售包装,而在于通过对销售包装进行组合、拼配、加固,形成适于物流和配送的组合包装单元。

第六,流通加工服务。流通加工的主要目的是方便生产或销售。专业化的物流中心常常与固定的制造商或分销商长期合作,为制造商或分销商完成一定的加工作业,如贴标签、制作并粘贴条形码等。

第七,信息处理服务。由于现代物流系统的运作已经离不开计算机,因此可以对物流各个环节及各种物流作业的信息进行实时采集、分析、传递,并向货主提供各种作业明细信息及咨询信息。

③ 物流客户服务的作用。

随着物流概念的成熟,人们越来越认识到客户服务已经成为物流系统,甚至整个企业成功运作的关键,是增强企业产品的差异性、提高产品和服务竞争优势的重要因素。物流客户服务的主要作用如下。

第一,物流客户服务对细分化市场营销所产生的作用。在细分化市场营销时期,客户服务已成为企业进行市场竞争的手段之一。长期以来,物流并没有得到人们的高度重视,在大众营销阶段,由于消费呈现出单一、大众化的特征,经营是建立在规模经济基础上的大量生产、大量销售,因而,物流功能只是停留在商品传递和保管等一般性业务活动上,物流从属于生产和消费,从而成为企业经营活动中的附属职能。但是,进入细分化市场营销阶段后,市场需求变得多样化和分散化,而且发展变化十分迅速。在这种状况下,企业经营比以前任何时期都要艰巨,只有不断适应各种不同类型、不同层次的市场需求,并且迅速、有效地满足客户的欲望,企业才能在激烈的竞争和市场变化中求得生存和发展。差别化策略中的一个主要内容是客户服务上的差异,所以作为客户服务重要组成部分的客户差别化服务也相应具有了战略上的意义。也就是说,客户服务是差别化营销的重要方式和途径。

第二,物流客户服务水准对物流经营所产生的影响。物流客户服务水准的确立对物流经营绩效具有重大影响。决定客户服务水准是构筑物流体系的前提条件,在物流开始作为企业经营战略重要一环的过程中,客户服务越来越具有经济性的特征,即客户服务有随市场机制和价格机制变化而变化的倾向。或者说,市场机制和价格机制的变动,通过供求关系既决定了客户服务的价值,又决定了一定服务水准的成本。所以,客户服务的供给不是无限制的,否则,过高的客户服务势必损害企业效益,不利于企业收益的稳定。因而,确定合理或企业预期的客户服务水准是企业决策活动的重要内容之一。

第三,物流客户服务方式的选择对降低物流成本所产生的作用。物流客户服务方式的选择对降低物流成本具有较大作用。低成本历来是企业追求的目标之一,而低成本的实现往往涉及商品生产、流通的全过程。除了原材料费用、零部件费用、人力成本等各种有形影响因素外,物流客户服务方式的选择也对降低成本具有很大的作用。在市场竞争日趋激烈的今天,由于消费者在购买产品时有低价格倾向,因此,一些大型零售业为降低物流成本,改变原来的物流体系,转而提供由零售主导的共同配送、直送、工厂配送等新型客户服务。这从侧面证明了合理的客户服务可以降低企业物流成本。

第四,物流客户服务是联结商家的手段。物流客户服务是有效联结供应商、厂商、批发商和零售商的重要手段。物流客户服务作为一种特有的服务方式,一方面以商品为媒介,打破了供应商、厂商、批发商和零售商之间的隔阂,有效地推动了商品从生产到消费全过程的顺利流动;另一方面通过自身特有的系统设施不断将商品销售、在库等重要信息反馈给流通中的所有企业,并通过知识、诀窍等经营资源的积累,使整个流通过程适应市场变化,进而创造出一种超越单个企业的价值效益。

第五,用提高客户满意程度来留住顾客。顾客的黏性和公司利润率之间有着非常高的相关性,这是因为:保留住顾客可以保留住业务;为老顾客服务成本较低;满意的顾客会成为业务中介;不少满意的顾客愿意接受议价。企业需要记住的重要的一点是:一个对服务提供者感到不满的顾客将被竞争对手获得。如何留住顾客已成为企业的战略问题,物流领域高水平的顾客服务能够吸引顾客,并留住顾客。因为对于顾客来说,频繁地改变供应来源会增加其物流成本及风险。

④ 物流客户服务的内容设计。

除了为营销产品提供配送服务外,物流系统还具有根据客户的需求提供不同服务的能力。但是,由于物流系统能力的差异,物流服务的内容不尽相同。物流系统可提供功能性的或综合性的、环节性的或全过程的、标准的或个性化的物流服务,可替客户进行实际的物流运作,或为客户提供物流解决方案。无论所服务的对象差异有多么大,也不管物流系统提供的物流客户服务内容多么复杂,都可以简要地将物流客户服务归结为传统物流服务和增值性物流服务两大类。物流系统应该考虑从这两个方面进行物流客户服务内容的设计。

传统物流服务包括运输、储存、包装、装卸搬运、流通加工和信息处理等基本的物流活动,属于基本的、功能性的物流服务。其中,运输是指将消费者所购买的产品送到消费者指定地点。传统运输服务执行产品转移功能,单一的承运人仅采用单一的运输方式,如铁路货运仅提供铁路沿线货站间的运输服务,不涉及货站到达收货人的公路运输服务,类似情形在航空承运中也存在,承运人仅能够收取货物转移的基本服务费。储存是指为了企业的生产和经营做必要的物质准备,是经济中不可少的环节。但是,传统的仓库作为一种储存设施,仅起着货物储存的作用,是一个静态的场所,完全没有发挥仓库的内在潜力,仓库的提供方仅能收取低廉的货物储存费。包装的目的不是要改变商品的销售包装,而在于通过对销售包装进行组合、拼配、加固,形成适于物流和配送的组合包装单元。装卸搬运是物流最频繁的活动内容,也是整个物流作业的关键,它的效率决定整个物流的效率。物流中心(比如车站、码头、港口、机场、货场等),以及大型的冶金和制造企业,都必须具备一定的装卸搬运能力。物流服务供应商应该提供更加专业化的装载、卸载、提升、运送、码跺等装卸搬运机械,以提高搬运作业效率,缩短作业时间,减少商品在作业过程中的损坏。流通加工的主要目的是方便生产和销售。专业化的物流中心常常与固定的制造商或分销商长期合作,为制造商或分销商完成一定的加工作业,比如贴标签、制作并粘贴条形码。还有一些专门的流通加工工厂,进行着卷板开平、木材下料、玻璃裁剪、配煤加工、组装加工、混凝土搅拌乃至农副产品分选等流通加工活动。物流信息处理是指对各个环节中各种物流作业的信息进行适时采集、分析、传递,并向货主提供各种作业明细信息及咨询信息。

增值性物流服务是指根据客户需求,为客户提供的超出常规服务范围的服务,或者采用超出常规的服务方法提供的服务。创新、超出常规和满足客户需求是增值性物流服务的本质特征。从物流增值服务的起源来看,物流增值服务一般是指在物流常规服务的基础上延伸出来的相关服务。我国现有物流增值服务归为五大类:承运人型、仓储型、货运代理型、信息型和第四方物流增值服务型。例如,在仓储、运输等常规服务的基础上延伸出来的增值服务。仓储的延伸服务包括原料质检、库存查询、库存补充及各种形式的流通加工服务等。运输的延伸服务包括选择国际/国内运输方式、运输路线,安排货运计划,为客户选择承运人,确定配载方法,货物运输过程中的监控、跟踪、门到门综合运输,报关,代垫运费,运费谈判,货款回收与结算等。配送服务的延伸包括集货、分拣包装、配套装配、条形码生成、贴标签、自动补货等。

此外,物流增值服务可进一步深化,向上可以延伸到市场调查与预测、采购及订单处理等;向下可以延伸到配送、物流咨询、物流方案选择与规划、库存控制决策建议、货款回收与结算、教育与培训、物流系统设计与规划方案的制作等。在不同的产业,可以大力开展物流增值服务。比如,农产品的物流增值服务可以从农产品分类与分类包装增值服务、农产品适度加工后小包装增值服务、农产品配送增值服务、特种农产品运输增值服务、特种农产品仓储与管理增值服务等方面加以体现。

2. 物流客户服务管理

良好的物流客户服务有助于保持和发展客户的忠诚度与满意度,物流客户服务的重要性在客户心目中甚至高过价格、质量及其他有关要素。对于市场组合的要素而言,产品和价格较容易被竞争对手模仿,促销的努力也可能被竞争者赶上。提供令客户满意的服务则是有别于竞争对手、吸引客户的重要途径,投资于物流客户服务的回报率要远远高于投资于促销和其他发展新客户的活动。企业物流客户服务策略的确定应该以客户的真实需求为基础。需要提请注意的是,在注重物流客户服务的同时,还应注意节省费用,以保证企业的盈利能力。

① 物流客户服务与成本的关系。

物流客户服务管理的目的是以适当的成本实现高质量的物流客户服务。一般来讲,服务质量与成本是一种此消彼长的关系,物流客户服务质量提高,物流成本就会上升,两者间的关系适用收益递减法则。但无限度提高服务水平,成本上升的速度会加快,反而使服务效率没有多大变化,甚至下降。概括起来,物流客户服务与成本的关系有以下四种。

第一,服务不变,成本下降。在物流客户服务质量不变的前提下考虑降低成本。不改变物流客户服务水平,通过改变客户系统来降低客户成本,是一种尽量降低成本、维持一定服务水平的办法。

第二,服务提高,成本增加。为了提高物流客户服务质量,不惜增加服务成本,这是许多企业提高物流客户服务水平的做法,是企业在面对特定客户时或其特定商品面临竞争时,所采取的具有战略意义的方针。

第三,服务提高,成本不变。在成本不变的前提下提高物流客户服务水平,是一种追求效益的办法,也是一种有效地利用物流成本性能的办法。

第四,服务较高,成本较低。用较低的服务成本,实现较高的物流客户服务,是增加销售、提高效益具有战略意义的办法。

企业应通盘考虑商品战略和地区销售战略、流通战略和竞争对手、物流客户服务成本、物流客户服务系统所处的环境，以及物流客户服务系统负责人所采用的方针等后，再做出决定，选择合适的类型。对于一个企业来说，实施全方位的物流管理与经营是一项复杂的系统工程，需要具备一定的基础条件和开拓创新的精神。真正达到降低客户成本的目标，需要具备以下条件：具有高效率的综合运输、配送体系；具有全过程的信息跟踪与服务能力；配有具有综合服务功能的物流中心；能实现贴近客户的供应链分析与管理。

② 确定合适的物流客户服务水平。

物流服务水平的提高有利于创造需求、扩大市场，但要达到一定的物流客户服务水平，进行一定的投入又是必不可少的，服务水平的提高必然推动经营成本的提升。因此，企业要平衡成本与收益，选择最优服务水平。利润最大化是确定物流客户服务水平的决定性因素。据此，确定物流客户服务水平时，可首先确定不同水平的物流客户服务对销售收入的影响，然后计算给定物流客户服务水平下的成本，最后从销售收入中减去该成本，盈余最大的就是最优的物流客户服务水平。

如何根据市场的要求和企业的自身情况确立适当的物流客户服务水平，是摆在所有物流管理者面前的难题，这里对这一问题进行探讨。确定合适的物流客户服务水平，首先要做好物流客户服务审查分析。物流客户服务审查分析是评价企业物流客户服务水平的一种方法，也是企业物流客户服务策略调整效果的评价标尺。物流客户服务审查分析的目标是：识别关键的物流客户服务要素；识别这些要素的控制机制；评价内部信息系统的质量和能力。

③ 改进物流服务。

改进物流服务实际上就是对现有物流系统进行完善，是优化物流管理所做出的一种努力。一般来讲，改进物流服务包括以下步骤。

第一，了解客户的需求。物流服务的内容很多，从规章的制定、货物的交付，到售后服务，牵扯到多个环节，可能的衡量指标有平均订货周期、订货周期偏差、发货准确率、订单信息的提供能力、投诉情况、产品回收政策、紧急订单的处理能力等。不同的客户对这些内容的要求有很大的差异，改进物流服务应该首先从了解客户需求开始。要得到客户需求的具体、准确的信息，针对本行业乃至自身主要客户的市场调查是必不可少的。只有经过充分的市场调查，才能针对客户的具体要求因地制宜地确定合适的物流服务战略。

第二，了解企业自身的表现。要确定合适的物流改进方案，仅仅了解客户的需求还不够，还要了解在客户的心目中企业自身的表现如何。将两者相结合，才能制订出有效的物流改进方案。

第三，提出改进物流服务的方案。通过前两个步骤，就可制订相应的物流改进方案。最好的物流客户服务水平能以最低的服务成本为企业留住及争取最有价值的客户群。制订有效的物流客户服务方案、提高物流客户服务绩效应满足以下要求：能够及时反映客户的需要及观点，能够为评估物流客户服务绩效提供可操作性和有针对性的方法，能够为管理层提供调整业务活动的线索和思路。

第四，执行方案并对方案的执行情况进行考核。制订物流客户服务战略并不是一劳永逸的事情，市场总是在不断地发展、变化，企业也应当时刻准备进行一次、再次的调整。

所以，上述过程就要不断地重复，以保证企业物流客户服务方针总能跟上市场变化，尤其是行业内竞争情况的变化，与客户需要相一致。

④ 物流客户服务管理的基本准则。

第一，以市场为导向。物流客户服务水平的确定，不能从供给方的理论出发，而应该充分考虑需求方的要求，即从产品导向向市场导向转变。产品导向型的物流客户服务由于是根据供给方自身所确定的，一方面难以真正满足客户的需求，容易出现服务水平设定失误；另一方面也无法根据市场环境的变化和竞争格局及时加以调整。而市场导向型的物流客户服务正好相反，它是根据经营部门的信息和竞争企业的服务水平确定的，既避免了过剩服务的出现，又能及时进行控制。在市场导向型物流客户服务中，通过与客户面谈、客户需求调查、第三方调查等寻求客户最强烈的需求愿望是决定物流客户服务水平的基本方法。

第二，制订多种物流客户服务组合。客户的需求不可能千篇一律，企业在物流客户服务活动中需要制订多种物流客户服务组合。服务对于企业来讲也要考虑有限经营资源的合理配置，企业在进行物流客户服务时，应根据客户的类型采取相应的服务。一般来讲，根据客户经营规模、类型和对本企业贡献度来划分，可以采用支援型、维持型、受动型的物流客户服务战略。对本企业贡献度大的企业，由于具有直接的利益相关性，应当采取支援型物流客户服务战略；而对本企业贡献小的客户，要根据其规模、类型再加以区分。经营规模小或专业型的客户，由于存在进一步发展的潜力，可以采取维持型物流客户服务战略，以维系现有的交易关系，为将来可能开展的战略调整打下基础。相反，经营规模小且属综合型的客户，将来进一步发展的可能性较小，所以，可以采取受动型物流客户服务战略，即在客户要求服务的条件下才开展服务活动。

第三，开发对比性物流服务。企业在确定物流客户服务要素和服务水平的同时，应当考虑与其他企业物流服务相比有着鲜明的特色，这是保证高服务质量的基础，也是物流客户服务战略的重要特征。要实现这一点，就必须具有对比性的物流客户服务观念，即重视收集和分析竞争对手的物流客户服务信息。

第四，注重物流客户服务的发展性。物流客户服务的变化往往会导致产生新的物流客户服务需求，所以在物流客户服务管理中，应当充分重视研究物流客户服务的发展方向和趋势。例如，虽然以前就已经开始实施商品到达时期、断货信息、在途信息、货物追踪等管理活动，但是随着交易对象如零售业业务的简单化、效率化革新，账单格式统一，商品入库统计表制订等信息服务已成为物流客户服务的要素。

7.1.5 仓储管理

1. 仓储管理的概念

仓储是通过仓库对商品与物品的储存与保管。"仓"即仓库，为存放、保管、储存物品的建筑物和场地的总称，具有存放和保护物品的功能。"储"即储存、储备，表示收存以备使用，具有收存、保管、交付使用的意思。仓储是集中反映工厂物资活动状况的综合场所，是连接生产、供应、销售的中转站，对促进生产、提高效率起着重要的辅助作用。仓储是产品生产、流通过程中因订单前置或市场预测前置而使产品、物品暂时存放。传统仓储是指利用仓库对各类物资及其相关设施设备进行物品的入库、储存、出库的活动。现代仓储是指在传统仓储的基础上增加库内加工、分拣、库内包装等环节。仓储是生产制造与商品流通的重要环节之一，也是物流活动的重要环节。

仓储管理就是对仓库及仓库内的物资所进行的管理，是仓储机构为了充分利用所具有的仓储资源提供高效的仓储服务所进行的计划、组织、控制和协调过程。仓储管理的目标是保证仓储货物完好无损，确保企业的生产经营活动正常进行，并在此基础上对各类货物的活动状况进行分类记录，以明确的图表方式表达仓储货物在数量、品质方面的状况，以及所在的地理位置和部门、订单归属和仓储分散程度等情况。

2. 仓储管理的内容

仓储管理主要指在商品流通过程中货物储存环节的经营管理。仓储管理的主要内容如下。

① 仓库选址与布点。仓库选址与布点包括仓库选址应遵循的基本原则、仓库选址时应考虑的基本因素以及仓库选址的技术方法。多点布置时，还要考虑网络中仓库的数量和规模大小、相对位置和服务的客户等问题。

② 仓库规模的确定和内部合理布局。仓库规模的确定和内部合理布局包括仓库库区面积及建筑物面积的确定、库内道路和作业区的平面和竖向布置、库房内部各作业区域的划分和作业通道的布置。

③ 仓储设施和设备的选择和配备。仓储设施和设备的选择和配备涉及如何根据仓库作业的特点及所储存商品的种类和理化特性，合理地选择和配备仓库设施、作业机械，以及如何合理使用和管理。

④ 仓储资源的获得。仓储资源的获得包括企业通过什么方式来获得仓储资源。通常，一个企业获得资源的方式包括使用自有资金、使用银行借贷资金、发行企业债券、向企业内部职工或社会公众募股等方式。不同的资源获得方式成本不同。

⑤ 仓储作业活动管理。作业范围和功能不同，仓储作业活动的复杂程度也不尽相同。仓储作业管理是仓储管理的重要内容，涉及仓储作业组织的结构设计与岗位分工、作业流程设计、仓储作业中技术方法和作业手段的使用，以及仓储活动中的信息处理等。

⑥ 库存控制。库存是仓储最基本的功能，企业为了能及时满足客户的需求，就必须经常保持一定数量的商品库存，存货不足会造成供应断档，存货过多会造成商品积压、仓储成本上升。库存控制是仓储管理中最为复杂的内容，是仓储管理从传统的存货管理向高级的存货系统动态控制发展的重要标志。

⑦ 仓储经营管理。从管理学的角度来看，经营管理更加注重企业与外部环境的和谐。仓储经营管理是企业运用先进的管理方式和科学的管理方法，对企业的经营活动进行计划、组织、指挥、协调和控制，其目的是获得最大的经营效益。

⑧ 仓储人力资源管理。仓储人力资源管理主要涉及人才的选拔和合理使用、人才的培养和激励、分配制度的确立等。

此外,仓储管理还涉及仓储安全管理、信息技术的应用、仓储成本管理和仓储经营效果评价等方面的内容。

3. 仓储管理的任务

① 利用市场经济手段获得最多的仓储资源。
② 以高效率为原则组织管理机构。
③ 以不断满足社会需要为原则开展商务活动。
④ 以高效率、低成本为原则组织仓储生产。
⑤ 以优质服务、讲信用建立企业形象,通过制度化、科学化的先进手段不断提高管理水平。

4. 仓储管理的主要活动

① 企业仓储活动的类型。

企业可以选择自建仓库、租赁公共仓库或采用合同制仓储为库存的物料、商品准备仓储空间。相对于公共仓储而言,企业利用自有仓库进行仓储活动可以更大程度地控制仓储,管理也更具灵活性。企业也通常租赁提供营业性服务的公共仓储进行储存。合同仓储公司也能够提供专业、高效、经济和准确的分销服务。企业选择仓储活动类型时,需要考虑以下因素:周转总量、需要的稳定性和市场密度。

② 仓储管理的业务程序。

仓储管理业务程序分为签订仓储合同、验收货物、办理入库手续、货物保管、货物出库等步骤。企业和物流中心签订完物流合同,并填写完订单信息后,其他的工作将由物流中心完成,集货调度后,物流中心完成仓储管理业务。首先,安排将货物入库,入库后,按照订单信息来进行调度安排,线路货物相同的订单可以同车运输等。然后,根据时间安排货物出库,货物出库后需要对库存信息进行盘点。至此,物流中心的仓储管理业务完成。

物流中心的仓储管理业务流程图如图7-2所示。

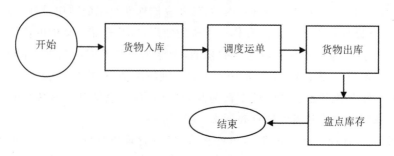

图7-2　物流中心仓储管理业务流程图

③ 仓储活动业务的内容。

一般仓储活动业务内容包括订货和交货、进货和交货时的检验、仓库内的保管和装卸作业、场所管理、备货作业等。产品在仓储中的组合、妥善配载和流通包装、成组等活动就是为了提高装卸效率，充分利用运输工具，从而降低运输成本的支出。合理和准确的仓储会减少商品的换装、流动，减少作业次数；采取机械化、自动化及现代化的货架仓储作业，都有利于降低仓储作业成本。优良的仓储管理，能对商品实施有效的保管和养护，并进行准确的数量控制，从而大大减少仓储的风险。

5. 现代仓储管理

现代仓储管理是指服务于一切库存物资的经济技术方法和活动，是为了更好地利用所具有的仓储资源而提供高效的仓储服务所进行的计划、控制、组织和协调过程。它包括获得仓储资源、经营决策、商务管理、仓储保管、人事劳动管理、安全管理、经济管理等一系列的管理工作。仓储在现代社会生产及相关物流中发挥着极其重要的作用，合理、高效的现代仓储管理更是重中之重。

① 良好的仓储管理能保证社会生产的连续进行。

供应单位基于社会和本单位的经济利益，通常是以一定批量和时间间隔向需求单位供应物资，而企业的生产时时刻刻都在进行，每天都要消耗一定数量的物资，所以需要有足够的物资储备来加以协调。而且在生产过程中，上道工序生产和下道工序生产之间总免不了有一定的时间间隔，为了保证生产的连续性，需要有一定的物资储备保证。

② 保值作用。

企业需要进行科学管理，加强对物资的养护，搞好仓储管理，以保护好处于暂时停滞状态的物资的使用价值。同时，在物资仓储管理过程中，努力做到流向合理，加快物资流转速度，注意物资的合理分配和合理供应，不断提高工作效率，使有限的物资能及时发挥最大的效用。

③ 促进资源合理利用，优化配置。

当物资离开生产过程进入消费过程的准备阶段即处于库存阶段时，对于实际的再生产过程是必需的，但此时物资处于闲置状态，不产生利润（对在库物资进行整理、加工、分类除外）。所以，当部分企业储备物资超过了保证再生产所必需的界限时，从整个社会来看，这就是对资源的一种浪费。在实际经济生活中，我们更多看到的是，即使是同类产品，在一些行业停滞，长期闲置不用，而在另一些行业和企业却表现短缺，使得开工不足，影响正常生产。导致积压和短缺并存的一部分原因是物资流通体制不合理和库存管理不适宜。从技术上讲，现有的仓储理论能够解决库存的合理数量问题，这就为合理利用资源提供了可能。

④ 提高企业经济效益。

良好的仓储管理不仅能保证企业生产过程获得及时、准确、质量完好的物资供应，而且有利于企业通过占用较少的流动资金，降低产品成本，从而为企业带来经济效益，提高企业的竞争力。库存的首要目的是保证企业获得稳定的原材料、零配件供应。库存过多，不仅造成物资积压,增加保管费用,而且过多占用流动资金。此外,在企业产成品的成本构成中,物料成本占有很大的比重,仓储管理可以通过对物资订购次数的计量和储存数量的控制,降低物料成本,从而达到降低企业产成品成本、提高企业经济效益的目的。

7.1.6 运输业务

1. 运输的概念和地位

运输是指运输主体(人或者是货物)通过运输工具(或交通工具与运输路径),由甲地移动至乙地,完成某个经济目的的行为。运输是在不同地域范围内,以改变物的空间位置为目的对物进行的空间位移。通过这种位移创造商品的空间效益,实现其使用价值,满足社会的不同需要。

运输是物流的中心环节之一,也是现代物流活动最重要的一个功能。按照物流的概念,物流是"物"的物理性运动,这种运动不但改变了物的时间状态,也改变了物的空间状态;而运输承担了改变物的空间状态的主要任务,再配以搬运、配送等活动,就能圆满完成改变物的空间状态的全部任务。同时,运输也是社会物质生产的必要条件之一。并且,运输可以创造"场所效用",即同种"物"由于空间场所不同,使用价值的实现程度不同,效益的实现也不同,通过运输,将"物"运到场所效用最高的地方,就能发挥"物"的潜力,实现资源的优化配置。

2. 运输业务的组成和分类

运输业务由两大部分组成。第一,设在铁路沿线、货物集散地、交通枢纽的大中城市的运输部或中转站,通过铁路、公路、航空等运输方式,接受货主委托,代办商品运输和中转业务,亦称代办运输业务。第二,企业以自有工具为货主运输商品,亦称自营运输业务。合理组织运输业务,必须遵循"及时、准确、安全、经济"的原则,健全各项手续制度和凭证传递程序,保证商品运输任务顺利完成。

按运输的范畴分类,运输可以分为干线运输、支线运输、二次运输、厂内运输。按运输的作用分类,运输可分为集货运输、配送运输。按运输的协作程度分类,运输可分为一般运输和联合运输。按运输中途是否换载分类,运输可分为直达运输和中转运输。按运输设备分类,运输可分为公路运输、铁道运输、水路运输、航空运输、管道运输。

3. 运输的功能

运输是物流作业中最直观的要素之一。运输提供两大功能:产品转移和产品储存。

① 产品转移。

无论产品处于哪种形式,是材料、零部件、装配件、在制品,还是制成品,也不管是在制造过程中将被转移到下一阶段,还是实际上更接近最终的顾客,运输都是必不可少的。运输的主要功能就是使产品在价值链中来回移动。既然运输利用的是时间资源、财务资源和环境资源,那么,只有当它确实提高产品价值时,该产品的移动才是重要的。运输的主要目的就是要以最低的时间、财务和环境资源成本,将产品从原产地转移到规定地点。此外,产品灭失损坏的费用也必须是最低的。同时,产品转移所采用的方式必须能满足顾客有关交付履行和装运信息的可得性等方面的要求。

② 产品储存。

对产品进行临时储存是一个不太寻常的运输功能,也即将运输车辆临时作为相当昂贵的储存设施。然而,如果转移中的产品需要储存,但在短时间内(例如几天后)又将重新转移,那么,该产品在仓库卸下来和再装上去的成本也许会超过储存在运输工具中每天支付的费用。在仓库空间有限的情况下,利用运输车辆储存也许不失为一种可行的选择。可以采取的一种方法是,将产品装到运输车辆上去,然后采用迂回线路或间接线路运往目的地。在本质上,这种运输车辆被用作一种储存设施,但它是移动的,而不是处于闲置状态。实现产品临时储存的第二种方法是改道。这在当交付的货物处在转移之中,而原始的装运目的地被改变时才会发生。

4. 运输业务的关键因素

从企业物流管理角度来看,成本、速度和一致性是运输作业的关键因素。

① 运输成本。

运输成本是指为两个地理位置间的运输所支付的款项,以及管理和维持转移中存货的有关费用。物流系统的设计应该采用能把系统总成本降低到最低限度的运输,这意味着最低费用的运输并不一定导致最低的物流总成本。

② 运输速度。

运输速度是指为完成特定的运输作业所需花费的时间。运输速度和运输成本的关系主要表现在以下两个方面:第一,运输商提供的服务越是快速,实际需要收取的费用也越高;第二,运输服务越快,转移中的存货就越少,可利用的运输间隔时间越短。因此,在选择合理的运输方式时,至关重要的问题是如何平衡运输服务的速度和成本。

③ 运输一致性。

运输一致性是指在若干次装运中履行某一特定的运输所需的时间,与原定时间或与前几次运输所需时间的一致性。它是运输可靠性的反映。运输一致性会影响买卖双方承担的存货义务和有关风险。在企业物流管理与决策中,必须在运输成本和服务质量之间进行权衡。

5. 运输的关键环节

运输环节是指运输过程中包装、搬运、装卸等活动。运输环节的增加将引起运输费用的相应增加。同时,随着搬运、装卸次数的增加,货物的完好率等指标也将随之下降。因此,尽可能地减少运输环节也是运输合理化的一个重要方面。运输关键环节主要包括以下方面。

① 运输路线和中转港口。

将货物从甲地运往乙地,除了运输方式和运输工具之外,还面临着运输路线的选择问题。因为在这两地之间会有许多种运输线路,有的是需要中途转载,有的则可直接运达。就常识而言,两点之间,直线最短。因而,在一般情况下,安排直达运输,既可节省运输费用,减少货损货差,又可缩短运输时间。在签订买卖合同时,需要详细了解可供选择的运输路线和各自的收费标准。此外,还要掌握运输工具的班次,以保证如期履约。如果现实条件下的确不能采用直达的运输线路,就需要选择适当的中转地点,了解中转的额外费用和中转所需要的时间。如果承运人不负责安排中转,自己还应妥善委托中转地的代理人。

② 运输包装。

货物的包装可分两种:销售包装和运输包装。销售包装旨在抓住消费者的购买心理,要求精美别致,是促销手段的一部分。而运输包装的作用在于保证货物在运途中的安全,并且为大规模装卸提供条件。由此可见,运输包装要求牢固、经济、科学和标准化。托盘和集装箱的使用,给运输业带来了一场革命。它们可以把分散的单件货物聚合在一起,组成一个大型的运输单位,适应大规模的机械化和自动化运输,大大加快了货物的周转。

③ 运输积载。

根据货物的体积、重量、包装以及运输工具的特点,在不影响安全的前提下,进行合理搭配装载,有利于充分利用运力,达到满载足吨。进行技术配载要考虑货物本身的各种规范指标和特点、运载工具的容积规范、货物接收地的先后顺序,以及装货完毕后运载工具的稳性。

6. 运输的业务流程

物流中心对货物进行出库后,需要对此货物进行运输操作。物流中心首先填写运输路单,线路相同的订单货物可以安排同批次运输,运输到目的地后,则需要收货方进行签收,签收并不代表运输的完成,物流中心还需要对其运输费用进行结算,根据其成本,进行成本核销,最后得出利润表。物流中心运输业务流程图如图7-3所示。

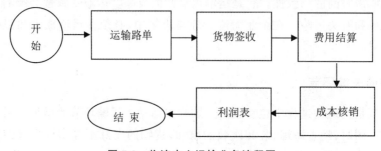

图7-3 物流中心运输业务流程图

7.2 实训任务

7.2.1 物流中心团队构建与组织结构设计

【实训目的】

使学生了解物流中心的业务情况和工作流程、组织结构设计的相关知识;要求学生掌握物流中心的工作职责,根据仿真环境设计出合理的组织结构图。

【实训类别】

现场任务。

【实训组织】

物流或者相关专业的指导教师1名。

学生可以按照4~6人进行分组。

【实训准备】

知识准备:掌握物流中心的情况,同时对组织结构设计知识有一定的了解。

物品准备:笔、纸张。

设备设施:跨专业综合实训软件平台。

【实训内容】

① 根据跨专业综合实训软件平台涉及的物流中心业务,完成组织结构图(见附录18)。

② 根据业务清单进行岗位分工,并完成岗位职责说明书(见附录13)。

③ 物流中心负责人进行岗位人员分工,并完成人员分工明细表(见附录14)。

④ 制订物流中心工作制度。

扫二维码,下载附录18。

扫二维码,下载附录13。

扫二维码,下载附录14。

附录18

附录13

附录14

7.2.2 物流合同的签订和管理

【实训目的】

使学生了解签订物流合同的流程;要求学生通过实训掌握物流中心签订物流合同的业务操作,并且对企业提交的资料认真检查和审核。

【实训类别】

现场任务、流程岗位。

【实训组织】

物流或相关专业教师1名。

物流小组和企业小组。

【实训准备】

知识准备:了解物流中心签订物流合同的相关知识。

物品准备:国内货物运输协议、订单。

设备设施:跨专业综合实训软件平台。

【实训内容】

① 物流中心和生产企业签订国内货物运输协议(见附录19)。

② 协议签订后,物流中心查看生产企业订单信息。

扫二维码,下载附录19。

附录19

7.2.3 物流服务方案的设计和制订

【实训目的】

使学生了解物流服务方案的主要内容;要求学生根据实训企业实际情况,为其设计和制订物流服务方案。

【实训类别】

现场任务。

【实训组织】

物流或相关专业教师1名。

物流小组和企业小组。

【实训准备】

知识准备:了解物流服务方案设计的相关知识。

物品准备:企业基本情况分析表、物流服务方案设计书。

设备设施:跨专业综合实训软件平台。

【实训内容】

① 物流中心结合生产企业实际情况,包括企业经营情况、订单情况、产成品运输情况等,并结合自身实际情况,设计和制订合适的物流服务方案。

② 和生产企业协定物流服务方案,并按此开展物流服务。

7.2.4 货物入库和出库

【实训目的】

使学生了解物流中心货物入库管理的流程;要求学生通过实训掌握物流中心货物入库管理的业务操作。

使学生了解物流中心货物出库管理的流程;要求学生通过实训掌握物流中心货物出库管理的业务操作。

【实训类别】

流程岗位。

【实训组织】

物流或相关专业教师1名。

物流小组组成人员和企业小组。

【实训准备】

知识准备:了解物流中心货物入库管理的相关知识,了解物流中心货物出库管理的相关知识。

物品准备:入库单明细、出库单明细。

设备设施:跨专业综合实训软件平台。

【实训内容】

① 物流中心对货物进行入库操作,注意其入库的基本原则。

② 物流中心对货物进行出库操作,注意其出库的基本原则。

③ 填写入库单明细(见附录20)、出库单明细(见附录22)。

扫二维码,下载附录20。

扫二维码,下载附录22。

附录20

附录22

7.2.5 运输路单

【实训目的】

使学生了解物流中心运输路单;要求学生通过实训掌握与物流中心运输路单相关的业务操作和注意事项。

【实训类别】

流程岗位。

【实训组织】

物流或相关专业教师1名。

物流小组和核心的生产企业小组。

【实训准备】

知识准备:了解物流中心运输路单的相关知识。

物品准备:运输路单。

设备设施:跨专业综合实训软件平台。

【实训内容】

物流中心填写运输路单(见附录21)。

扫二维码,下载附录21。

附录21

7.2.6 物流中心工作情况分析与总结

【实训目的】

使学生通过实训对物流中心的工作和职责进行总结概括;要求学生通过实训掌握物流中心的主要职责和业务,以及了解各个业务的操作流程。

【实训类别】

现场任务。

【实训组织】

物流或相关专业教师1名。

物流小组和核心的生产企业小组。

【实训准备】

知识准备:了解物流中心经营过程。

物品准备:每天实训内容的记录。

设备设施:跨专业综合实训软件平台。

【实训内容】

① 总结物流中心所有业务以及其流程。

② 根据业务总结,总结物流中心的职责和要求。

③ 对实训小组人员的表现情况进行总结。

第 8 章 商业银行

学习目标

1. 了解商业银行的业务内容；
2. 掌握商业银行组织架构设计与岗位职责分析；
3. 掌握银行开户的业务流程和工作内容；
4. 掌握银行贷款的业务流程和工作内容；
5. 掌握银行询证函的办理流程和内容；
6. 掌握银行转账的业务流程和工作内容。

重点、难点

商业银行组织架构设计与岗位职责分析、银行开户业务、银行贷款业务、银行转账业务、银行询证函。

8.1 业务概述

8.1.1 商业银行业务范围

商业银行是银行的一种类型，是通过存款、贷款、汇兑、储蓄等业务，承担信用中介的金融机构。

我国《商业银行法》第三条规定了商业银行的14种业务,商业银行可以经营下列部分或者全部业务。

① 吸收公众存款。
② 发放短期、中期和长期贷款。
③ 办理国内外结算。
④ 办理票据承兑与贴现。
⑤ 发行金融债券。
⑥ 代理发行、代理兑付、承销政府债券。
⑦ 买卖政府债券、金融债券。
⑧ 从事同业拆借。
⑨ 买卖、代理买卖外汇。
⑩ 从事银行卡业务。
⑪ 提供信用证服务及担保。
⑫ 代理收付款项及代理保险业务。
⑬ 提供保管箱服务。
⑭ 经国务院银行业监督管理机构批准的其他业务。

8.1.2 商业银行组织形式

商业银行自诞生以来已经形成了多种组织形式,发挥着各种功能以满足社会公众不同的需求。但无论采取何种组织形式,都必须以效率为原则。事实上,商业银行的组织形式既与其发挥的功能有关,也受银行规模的影响。因为商业银行规模大小与商业银行的作用呈正相关关系,银行规模越大,所提供的金融服务就越多,对经济生活发挥的作用也越大,所以也决定了银行的组织形式。当然,政府对银行业的监管要求也会对银行的组织形式产生一定的影响。

通常,商业银行的组织结构可以从其外部组织形式和内部组织结构两方面来认识。

1. 商业银行的外部组织形式

① 单一银行制。

单一银行制也称独家银行制,其特点是银行业务完全由各自独立的商业银行经营,不设或限设分支机构。这种银行制度在美国非常普遍,是美国最古老的银行形式之一,实行这一制度的商业银行通过一个网点提供所有的金融服务。美国是各州独立性较强的联邦制国家,历史上经济发展很不平衡,东西部悬殊较大,为了适应经济均衡发展的需要,特别是适应中小企业发展的需要,反对金融权力集中,各州都立法禁止或限制银行开设分支机构,特别是跨州设立分支机构。

② 分支银行制。

分支银行制，又称总分制，指允许银行在总行之外，在国内外各地普遍设立分支银行的一种组织形式。这种体制按总行管理方式不同还可以分为总行制和总行管理处制。总行制指总行除管理各分支银行外，本身也对外营业，办理业务；总行管理处制指总行作为管理处，只负责管理分支银行，本身不对外办理银行业务。

实行这一制度的商业银行可以在总行以外，普遍设立分支机构，分支银行的各项业务统一遵照总行的指示办理。

③ 银行持股公司制。

银行持股公司制是指由一个集团成立股权公司，再由该公司控制或收购两家以上的银行。在法律上，这些银行是独立的，但其业务与经营政策受同一股权公司控制。这种商业银行的组织形式在美国最为流行。它是1933—1975年美国严格控制银行跨州经营时期，立法方面和商业银行之间"管制—逃避—再管制"斗争的结果。到1990年，美国的银行持股公司控制了8700家银行，占该行业总资产的94%。银行持股公司使得银行更便利地从资本市场筹集资金，并通过关联交易获得税收上的好处，也能够规避政府对跨州经营银行业务的限制。

银行持股公司制有两种类型，一种是非银行持股公司，一种是银行持股公司。前者是由主要业务不在银行方面的大企业拥有某一银行股份组织起来的；后者是由一家大银行组织一个持股公司，其他小银行从属于这家大银行。

④ 连锁银行制。

连锁银行制是指由某个人或某集团拥有若干银行的股权，以取得对这些银行的控制权的一种组织形式。它和银行控股公司制相似，但它不需设立控股公司。

连锁银行系指两家或两家以上独立的以公司形式组织起来的银行（或是单一银行，或是有分支机构的银行），通过相互持有股份，而由同一个自然人或自然人集团所控制。

它与银行持股公司制一样，都是为了弥补单一银行制的不足、规避对设立分支行的限制而实行的。但连锁银行与采用银行控股公司制的商业银行相比，由于受个人或某一集团的控制，因而不易获得所需要的大量资本，因此许多连锁银行相继转为银行分支机构或组成持股公司。

2. 商业银行的内部组织结构

商业银行的内部组织结构是指就单个银行而言，银行内部各部门及各部门之间相互联系、相互作用的组织管理系统。商业银行的内部组织结构，以股份制形式为例，可分为决策机构、执行机构和监督机构三个层次。决策机构包括股东大会、董事会以及董事会下设的各委员会；执行机构包括行长（或总经理）以及行长领导下的各委员会、各业务部门和职能部门；监督机构即指董事会下设的监事会。

① 股东大会。由于现代商业银行多是股份制银行，因此股东大会是商业银行的最高权力机构，每年定期召开股东大会和股东例会。在股东大会上，股东有权听取银行的一切业务报告，有权质询银行业务经营，并且选举董事会。

② 董事会。董事会是由股东大会选举产生的董事组成,代表股东执行股东大会的建议和决定。董事会的职责包括制订银行目标、确定银行政策模式、选举管理人员、建立委员会、提供监督和咨询以及为银行开拓业务。

③ 各种常设委员会。常设委员会由董事会设立,其职责是协调银行各部门之间的关系,也是各部门之间互通情报的媒介,定期或经常性地召开会议处理某些问题。

④ 监事会。股东大会在选举董事的同时,还选举监事,组成监事会。监事会的职责是代表股东大会对全部经营管理活动进行监督和检查。监事会相比董事会下设的稽核机构检查权威性更大,除检查银行业务经营和内部管理外,还要对董事会制订的经营方针和重大决定、规定、制度执行情况进行检查,对发现的问题具有督促限期改正之权。

⑤ 行长(或总经理)。行长是商业银行的行政主管,是银行内部的行政首脑,其职责是执行董事会的决定,组织银行的各项业务经营活动,负责银行具体业务的组织管理。

⑥ 总稽核。总稽核负责核对银行的日常账务项目,核查银行会计、信贷及其他业务是否符合当局的有关规定,是否按照董事会的方针、纪律和程序办事,目的在于防止篡改账目、挪用公款和浪费,以确保资金安全。总稽核是董事会代表,定期向董事会汇报工作,提出可行性意见和建议。

⑦ 业务和职能部门。在行长(或总经理)的领导下,设立适当的业务和职能部门便构成了商业银行的执行机构。业务部门的职责是经办各项银行业务,直接向客户提供服务。职能部门的职责是实施内部管理,帮助各业务部门开展工作,为业务管理人员提供意见、咨询等。

⑧ 分支机构。分支机构是商业银行体系业务经营的基层单位。分支行里的首脑是分支行行长。各商业银行的分支机构按照不同地区、不同时期的业务需要,还设有职能部门和业务部门,以完成经营指标和任务。

8.1.3 银行开户

1. 银行开户的种类介绍

① 基本存款账户。

基本存款账户是企事业单位的主要存款账户。该账户主要办理日常转账结算和现金收付,存款单位的工资、奖金等现金的支取只能通过该账户办理。基本存款账户的开立须报当地人民银行审批并核发开户许可证,许可证正本由存款单位留存,副本交开户行留存。企事业单位只能选择一家商业银行的一个营业机构开立一个基本存款账户。

② 一般存款账户。

一般存款账户是企事业单位在基本账户以外的银行因借款开立的账户。该账户只能办理转账结算和现金的缴存,不能支取现金。

③ 临时存款账户。

临时存款账户是外来临时机构或个体经济户因临时经营活动需要开立的账户。该账户可办理转账结算和符合国家现金管理规定的现金的支取。

④ 专用账户。

单把某一项资金拿出来方便管理和使用，所以新开设的账户叫专用账户。开设专用账户需要经过人民银行批准。

2. 开户后注意事项

① 保留好银行月结单及水单等公司各项开支票据，以备后用之需。

② 银行查账时间一般为一至两个星期，每个银行不同。

③ 自通知日起，账户可以开始运作，如一个月内未能启动账户，该账户将自动取消。

④ 如果要开私人账户，需带身份证正本或护照、地址证明。

⑤ 所有更改股东、更改公司名称、增加注册资本的公司，必须将会议记录及会计师签署的文件一并提交银行（如果在银行有留签字印，更改公司名称后签字印也一并提交银行）。

⑥ 超过一年的公司，必须提交年报、会议记录及会计师签署的文件给银行。

3. 银行开户所需材料

① 营业执照正本、副本。

② 公司章程。

③ 法定代表人身份证原件及复印件。

④ 合伙人或股东身份证复印件。

⑤ 经办人身份证原件及复印件。

⑥ 五章（公章、财务章、法人章、合同专用章、发票专用章）。

⑦ 当地银行要求提供的其他材料。

4. 银行开户业务流程

企业向银行提交开户申请书，银行对其开户申请书进行审核，如果审核通过，企业填写开立单位银行结算账户申请书，并提交给银行，银行进行审核，审核通过，还需要提交到人民银行做最后的审核确认，人民银行若审核通过，则开户成功。如果其中任何一个审核环节审核不通过，则申请都需要重新开始。

企业在银行办理银行开户的主要业务流程图如图8-1所示。

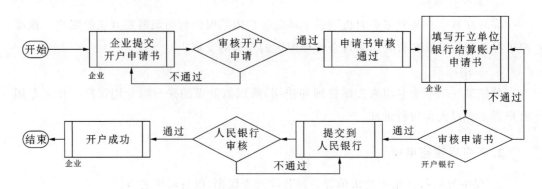

图 8-1　银行开户主要业务流程图

8.1.4　银行贷款

银行贷款是指银行根据国家政策以一定的利率将资金贷放给资金需要者,并约定期限归还的一种经济行为。在不同的国家和一个国家的不同发展时期,按各种标准划分出的贷款类型也是有差异的。如美国的工商贷款主要有普通贷款限额、营运资本贷款、备用贷款承诺、项目贷款等,而英国的工商业贷款多采用票据贴现、信贷账户和透支账户等形式。贷款业务流程如下。

① 提出贷款申请。

已建立信贷关系的企业,可根据其生产经营过程中合理的流动资金需要,向银行申请流动资金贷款。以工业生产企业为例,申请贷款时必须提交工业生产企业流动资金借款申请书。银行依据国家产业政策、信贷政策及有关制度,并结合上级行批准的信贷规模计划和信贷资金来源对企业借款申请进行认真审查。

② 贷款审查。

贷款审查的主要内容有:贷款的直接用途,企业近期经营状况,企业挖潜计划、流动资金周转加速计划、流动资金补充计划的执行情况,企业发展前景,企业负债能力。

③ 签订借款合同。

借款合同是贷款人将一定数量的货币交付给借款人按约定的用途使用,借款人到期还本付息的协议,是一种经济合同。

借款合同有自己的特征:合同标的是货币;贷款方一般是国家银行或其他金融组织;贷款利息由国家规定,当事人不能随意商定。当事人双方依法就借款合同的主要条款进行协商,达成协议。由借款方提出申请,经贷款方审查认可后,即可签订借款合同。

借款合同应具备下列条款:借款种类;借款用途;借款金额;借款利率;借款期限;还款资金来源及还款方式;保证条款;违约责任;当事人双方商定的其他条款。借款合同必须由当事人双方的代表或凭法定代表授权证明的经办人签章,并加盖公章。

④ 发放贷款。

贷款发放是贷款决策的执行阶段。所有贷款在发放之前,必须与借款人签订借款合同,保证贷款必须与保证人签订保证合同,抵押、质押贷款必须与抵押人、出质人签订抵(质)押合同并依法办理抵押、质押登记。通过合同把借贷双方及担保方的责任、义务、权利以条文的形式固定下来并成为法律依据,这是贷款程序中的一个重要环节。只有在完成上述有关法律文书之后,才能发放贷款。

银行的贷款流程是:企业向银行提出贷款申请;银行调查,填写调查报告;申请通过,银行和企业签订抵押合同;相互确认后签订贷款合同;确认发放贷款。

银行贷款流程图如图 8-2 所示。

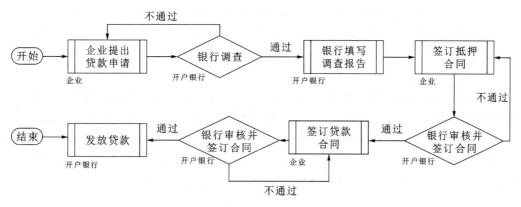

图 8-2 银行贷款流程图

1. 银行贷款分类

根据不同的划分标准,银行贷款具有各种不同的类型。

① 按偿还期不同,银行贷款可分为短期贷款、中期贷款和长期贷款。

② 按偿还方式不同,银行贷款可分为活期贷款、定期贷款和透支。

③ 按贷款用途或对象不同,银行贷款可分为工商业贷款、农业贷款、消费者贷款、有价证券经纪人贷款等。

④ 按贷款担保条件不同,银行贷款可分为票据贴现贷款、票据抵押贷款、商品抵押贷款、信用贷款等。

⑤ 按贷款金额大小不同,银行贷款可分为批发贷款和零售贷款。

⑥ 按利率约定方式不同,银行贷款可分为固定利率贷款和浮动利率贷款。

2. 银行贷款的方式

① 创业贷款。

创业贷款是指具有一定生产经营能力或已经从事生产经营活动的个人,因创业或再创业提出资金需求申请,经银行认可有效担保后而发放的一种专项贷款。符合条件的借款人,根据个人的资源状况和偿还能力,最高可获得单笔 50 万元的贷款支持。对创业达到一定规模的,可给予更高额度的贷款。创业贷款的期限一般为1年,最长不超过3年。支持下岗职工创业,创业贷款的利率按照人民银行规定的同档次利率下浮,并可享受一定比例的政府贴息。

② 抵押贷款。

对于需要创业的人来说,可以灵活地将个人消费贷款用于创业。抵押贷款金额一般不超过抵押物评估价的70%,贷款最高限额为30万元。如果创业需要购置沿街商业用房,可以以拟购商业用房作抵押,向银行申请商业用房贷款,贷款金额一般不超过拟购商业用房评估价值的60%,贷款期限最长不超过10年。适合创业者的抵押贷款有不动产抵押贷款、动产抵押贷款、无形资产抵押贷款等。不动产抵押贷款是指创业者可以土地、房屋等不动产作抵押,向银行获取贷款。动产抵押贷款是指创业者可以股票、国库券、企业债券等获银行承认的有价证券,以及金银珠宝首饰等动产作抵押,向银行获取贷款。

③ 质押贷款。

除了存单可以质押外,以国库券、保险公司保单等凭证也可以轻松得到个人贷款。存单质押贷款可以贷存单金额的80%;国库券质押贷款可贷国库券面额的90%;保险公司推出的保单质押贷款的金额不超过保单当时现金价值的80%。从质押范围上看,范围是比较广的,像存单、国库券、提货单、商标权、工业产权等都可以作质押。创业者只要能找到属于自己的东西,以这些东西为质押物,就可以申请获取银行的贷款。

④ 保证贷款。

如果你没有存单、国库券,也没有保单,但你的配偶或父母有一份较好的工作,有稳定的收入,这也是绝好的信贷资源。当前银行对高收入阶层"情有独钟",律师、医生、公务员、事业单位员工以及金融行业人员均被列为信用贷款的优待对象,这些行业的从业人员只需找一至两个同事担保就可以在工行、建行等金融机构获得10万元左右的保证贷款,在准备好各种材料的情况下,当天即能获得批准,从而较快地获取创业资金。

⑤ 下岗失业人员小额贷款。

根据相关规定,下岗失业的人员可凭再就业优惠证,申请办理失业贷款。每个人最高可以贷款2万元,且利息是当地银行贷款的最低利率。如果企业聘用10名下岗人员,则可享受最高为20万元的低利率贷款。

⑥ 国际贸易融资。

国际贸易融资是指政府及银行对进出口企业提供的与进出口贸易结算相关的短期融资或信用便利。这些业务包括授信开证、进口押汇、提货担保、出口押汇、打包贷款、外汇票据贴现、国际保理融资、福费廷、出口买方信贷等。

⑦ 综合授信。

综合授信,即银行对一些经营状况好、信用可靠的优质客户(或能够提供低风险担保的客户),授予一定时期内一定金额的信贷额度,企业在有效期与额度范围内可以循环使用。

综合授信由企业一次性申报有关材料,银行一次性审批。企业可以根据自己的营运情况分期用款,随借随还,同时也节约了融资成本。综合授信的优质客户条件是:信用等级在 AA+(含)以上;资产负债率不高于客户所在行业的良好值;或有负债余额不超过净资产;近两年没有出现经营亏损,上半年总资产报酬率不低于行业平均水平;近两年无不良信用记录。

⑧ 担保贷款。

担保贷款是指借款人向银行提供符合法定条件的第三方保证人作为还款保证,当借款人不能履约还款时,银行有权按约定要求保证人履行或承担清偿贷款连带责任的借款方式。它包括以自然人担保的贷款、由专业担保公司担保贷款、托管担保贷款等方式。根据以上方式,还可形成更多种具体的融资方法。例如,票据贴现融资、知识产权质押贷款、出口创汇贷款。

此外,对于小额临时借款,还可以利用信用卡透支的方式得到资金。目前,银行信用卡的透支功能日渐增强。一张信用卡的额度一般少则 3000 元、5000 元,对于小本买卖的创业者来说,几个股东或几个家人,每个人办几张信用卡,在一定期限时间(如 60 天)内,也能解决购货无资金的问题。

8.1.5 银行询证函

银行询证函是指会计师(审计)事务所在执行审计过程中,以被审计企业名义向银行发出的,用以验证该企业的银行存款与借款、投资人(股东)出资情况以及担保、承诺、信用证、保函等其他事项等是否真实、合法、完整的询证性书面文件。

完整的银行询证函一般包括存款、借款、销户情况、委托存款、委托贷款、担保、承兑汇票、贴现票据、托收票据、信用证、外汇合约、存托证券及其他重大事项。

1. 询证函的分类

根据被询证人的不同,询证函可以分为以下几个类型。

① 银行询证函:向被审计者的存款银行及借款银行发出的询证函,用以检查被审计者在特定日期(一般为资产负债表日,下同)银行存款的余额、存在性和所有权,以及借款的余额、完整性和估价。完整的银行询证函一般包括存款、借款、销户情况、委托存款、委托贷款、担保、承兑汇票、贴现票据、托收票据、信用证、外汇合约、存托证券及其他重大事项。

② 企业询证函:向被审计者的债权人和债务人发出的询证函,用以检查被审计者特定日期债权或债务的存在性和权利或义务。企业询证函通常包括双方在截止于特定日期的往来款项余额。

③ 律师询证函:向为被审计者提供法律服务的律师及其所在的律师事务所发出的询证函,用以检查被审计者在特定日期是否存在任何未决诉讼及其可能产生的影响和律师费的结算。

④ 其他询证函：向其他机构如保险公司、证券交易所或政府部门发出的询证函，用以检查被审计者的保险合同条款、所持有的可流通证券或注册资本情况等信息。

2. 银行询证函业务流程介绍

① 会计师事务所、审计师事务所直接向银行邮寄银行询证函或直接到柜台办理的，银行询证函上需有被函证单位的公章，被函证单位还需出具授权委托书。

② 单位直接到银行办理的，需持企业法人营业执照副本（事业单位登记证、社会团体登记证书）、加盖单位公章的银行询证函、法定代表人或经法定代表人授权委托代理人有效身份证件。

3. 银行询证函业务流程图

首先企业和会计师事务所签订验资合同，然后企业向银行发送询证函请求，银行确认成功后，发送询证函给会计师事务所，会计师事务所看到询证函后，给企业发送验资报告。银行询证函是给会计师事务所的一个企业资产的凭证。

会计师事务所获取银行询证函的流程图如图8-3所示。

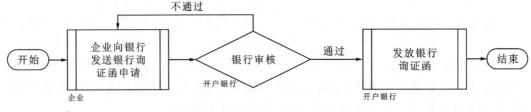

图8-3　银行询证函业务流程图

8.1.6　银行转账

银行转账是指不直接使用现金，而是通过银行将款项从付款单位账户划转到收款单位账户完成货币收付的一种结算方式。它是随着银行业的发展而逐步发展起来的。当结算金额大、空间距离远时，使用转账结算，可以做到更安全、快速。在现代社会，绝大多数商品交易和货币支付都通过转账结算的方式进行。

1. 银行转账的必要性

按照银行结算办法的规定，除了《现金管理暂行条例》规定的可以使用现金结算的以外，所有企业、事业单位和机关、团体、部队等相互之间发生的商品交易、劳务供应、资金调拨、信用往来等均应按照银行结算办法的规定，通过银行实行转账结算。国家之所以鼓励实行银行转账结算，是因为：

① 实行银行转账结算，有利于国家调节货币流通。

实行银行转账结算，用银行信用收付代替现金流通，使各单位之间的经济往来，只有结算起点以下的和符合现金开支范围内的业务才使用现金,缩小了现金流通的范围和数量,使大量现金脱离流通领域,从而为国家有计划地组织和调节货币流通量、防止和抑制通货膨胀创造了条件。

② 实行银行转账结算,有利于加速物资和资金的周转。

银行转账结算是通过银行集中清算资金实现的。银行通过使用各种结算凭证、票据在银行账户上将资金直接从付款单位(或个人)划转给收款单位(或个人),不论款项大小、繁简,也不论距离远近,只要是在结算起点以上的,均能通过银行机构及时办理,手续简单,省去了使用现金结算时的款项运送、清点、保管等手续,方便快捷,从而缩短了清算时间,加速了物资和资金的周转。

③ 实行银行转账结算,有利于聚集闲散资金,扩大银行信贷资金来源。

实行转账结算,各单位暂时未用的资金都存入其银行账户上,这些资金就成为银行信贷资金的重要来源之一。另外,实行转账结算,各单位在办理结算过程中,付款单位已经付出,但凭证尚在传递,因而收款单位尚未入账,这样形成的在途资金也是银行信贷资金的来源。

④ 实行银行转账结算,有利于银行监督各单位的经济活动。

实行转账结算,各单位的款项收支,大部分都通过银行办理结算,银行通过集中办理转账结算,能全面地了解各单位的经济活动,监督各单位认真执行财经纪律,防止非法活动的发生,促进各单位更好地遵守财经法纪。

2. 银行转账结算方式

银行转账结算方式大体可以分为三种:同城结算方式、异地结算方式以及同城异地均可采用的结算方式。其中,同城结算方式包括支票结算、银行本票结算。异地结算方式包括商业汇票结算、银行汇票结算、汇兑、托收承付。同城异地均可采用的结算方式包括委托收款、商业汇票结算、银行汇票结算以及信用卡结算。

银行办理转账结算和在银行办理转账结算的单位应遵循钱货两清、维护收付双方的正当权益、银行不予垫款的原则。

① 支票结算。

支票是银行的存款人签发给收款人办理结算或委托开户银行无条件将款项支付给收款人或者持票人的票据。支票一经签发,应由出票人无条件付款。支票结算方式广泛应用于同城商品交易、劳务供应等款项的结算。

按照支付票款的方式,支票分为现金支票、转账支票和普通支票。支票上印有"现金"字样的为现金支票,现金支票只能用于支取现金。支票上印有"转账"字样的为转账支票,转账支票只能用于转账。支票上未印有"现金"或"转账"字样的为普通支票,普通支票可以用于支取现金,也可以用于转账。在普通支票左上角划两条平行线的,为划线支票。划线支票只能用于转账,不得支取现金。

② 银行本票结算。

银行本票是申请人将款项交存银行,由银行签发的承诺自己在见票时无条件支付确定的金额给收款人或者持票人的票据。

银行本票按照其金额是否固定可分为不定额和定额两种。不定额银行本票是指凭证上金额栏是空白的,签发时根据实际需要填写金额(起点金额为100元),并用压数机压印金额的银行本票;定额银行本票是指凭证上预先印有定固定面额的银行本票。定额银行本票面额为1000元、5000元、10000元和50000元,其提示付款期限自出票日起最长不得超过2个月。银行本票,见票即付,不予挂失,当场抵用,付款保证程度高。

③ 银行汇票结算。

银行汇票是汇款人将款项存入当地出票银行,由出票银行签发的,由其在见票时,按照实际结算金额无条件支付给持票人或收款人的票据。它适用于先收款后发货或钱货两清的商品交易。单位和个人各种款项结算都可以使用银行汇票。银行汇票可以用于转账,填明"现金"字样的银行汇票还可以用于支取现金。银行汇票的付款期限一般为出票日起1个月内,超过付款期限提示付款不获付款的,持票人应当在票据权利时效内作出说明,并提供本人身份证或单位证明,持银行汇票和解讫通知书向出票银行请求付款。

④ 商业汇票结算。

商业汇票是出票人签发的,委托付款人在指定日期无条件支付确定的金额给收款人或者持票人的票据。

商业汇票分为商业承兑汇票和银行承兑汇票。商业承兑汇票由银行以外的付款人承兑(付款人为承兑人),银行承兑汇票由银行承兑。商业汇票的付款期限,最长不得超过6个月(电子商业汇票可延长至1年)。

⑤ 汇兑。

汇兑是汇款人委托银行将其款项支付给收款人的结算方式。

汇兑分为电汇和信汇两种,由汇款人自行选择。信汇是汇款人向银行提出申请,同时交存一定金额及手续费,汇出行将信汇委托书以邮寄方式寄给汇入行,授权汇入行向收款人解付一定金额的一种汇兑结算方式。电汇是汇款人将一定款项交存汇款银行,汇款银行通过电报或电传将电汇委托人传给目的地的分行或代理行(汇入行),指示汇入行向收款人支付一定金额的一种汇款方式。

单位和个人的各种款项的结算,均可使用汇兑结算方式。这种结算方式便于汇款人向异地的收款人主动付款,适用范围十分广泛。简而言之,汇兑即委托银行作为付款人进行付款。

⑥ 委托收款。

委托收款是指收款人委托银行向付款人收取款项的结算方式。

委托收款分邮寄和电报划回两种,由收款人选用。前者是以邮寄方式由收款人开户银行向付款人开户银行转送委托收款凭证、提供收款依据的方式。后者则是以电报方式由收款人开户银行向付款人开户银行转送委托收款凭证、提供收款依据的方式。

⑦ 托收承付。

托收承付是指根据购销合同由收款人发货后委托银行向异地购货单位收取货款,购货单位根据合同对单或对证验货后,向银行承认付款的一种结算方式。

托收承付结算款项的划回方法,分邮寄和电报两种,由收款人选用。邮寄结算凭证为一式五联:第一联回单,是收款人开户行给收款人的回单;第二联委托凭证,是收款人委托开户行办理托收款项后的收款凭证;第三联支票凭证,是付款人向开户行支付货款的支款凭证;第四联收款通知,是收款人开户行在款项收妥后给收款人的收款通知;第五联承付(支款)通知,是付款人开户行通知付款人按期承付货款的承付(支款)通知。

⑧ 信用卡结算。

信用卡是指商业银行向个人和单位发行的,凭以向特约单位购物、消费和向银行存取现金,且具有消费信用的特制载体卡片。

信用卡适用于在同城或异地的特约单位购物、消费和向银行存取现金、办理转账结算。使用信用卡结算,一般涉及三方当事人,即银行、持卡人或特约单位(各种商场、宾馆等企业)。信用卡结算大致可分为三个阶段:特约单位提供商品或服务的商业信用;向持卡人的发卡人收回货款或费用;发卡行或代办行向持卡人办理结算。

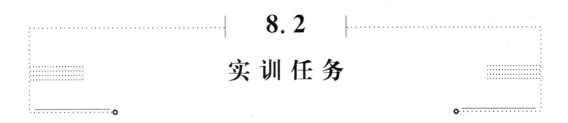

8.2 实训任务

8.2.1 银行团队构建和组织结构设计

【实训目的】
了解银行的业务情况和工作流程,掌握组织结构设计的方法。

【任务类别】
现场任务。

【实训组织】
金融专业或者相关专业的指导教师1名。
模拟商业银行由2～4名学生组成,岗位包括行长、柜员、信贷专员。

【实训准备】
知识准备:掌握银行的情况,同时对组织结构设计知识有一定的了解。
物品准备:笔,纸张。
设备设施:跨专业综合实训软件平台。

【实训内容】
① 根据跨专业综合实训软件平台涉及的银行业务,完成银行组织结构图(见附录18)。

② 根据业务清单进行岗位分工,说明岗位职责,完成岗位职责说明书(见附录13)。
③ 银行领导进行岗位人员分工,完成人员分工明细表(见附录14)。
扫二维码,下载附录18。
扫二维码,下载附录13。
扫二维码,下载附录14。

附录18　　　　附录13　　　　附录14

8.2.2　制订银行的工作制度

【实训目的】
根据银行的岗位职责制订相应的工作制度和人员考核制度。

【任务类别】
现场任务。

【实训组织】
金融或相关专业教师1名。
模拟商业银行由2～4名学生组成,岗位包括行长、柜员、信贷专员。

【实训准备】
知识准备:了解各个企业工作制度制订的基本要求,同时结合实际情况。
物品准备:笔,纸张。
设备设施:跨专业综合实训软件平台。

【实训内容】
根据模拟环境的实际情况,制订出合理的银行工作制度。

8.2.3　银行开户

【实训目的】
了解银行开户的流程。

【任务类别】
流程岗位作业。

【实训组织】
金融或相关专业教师1名。
银行小组和核心的生产企业、商贸企业小组。

【实训准备】
知识准备:了解银行开户的相关知识。

物品准备:开户申请书,开立单位银行结算账户申请书。

设备设施:跨专业综合实训软件平台。

【实训内容】

① 银行对开户申请进行审核,如果审核通过,则生产企业可以进行开户的下一步操作;如果审核不通过,则生产企业需要重新申请。

② 银行对开立单位银行结算账户申请书进行审核,如果审核通过,则同意生产企业开户;如果审核不通过,则驳回,生产企业重新进行申请,完成开立单位银行结算账户申请书,见附录4。

③ 银行对生产单位的开立单位银行结算账户申请书审核通过后,需要提交到人民银行,进行最后的确认。人民银行通过后,则生产单位开户成功(如没有设立人民银行,则由商业银行自动担任人民银行的职务)。

扫二维码,下载附录4。

附录4

8.2.4 企业存款及转账业务

【实训目的】

了解银行存款业务以及办理转账业务的流程。

【任务类别】

现场任务。

【实训组织】

金融或相关专业教师1名。

银行小组人员和核心的生产企业、商贸企业小组。

【实训准备】

知识准备:了解银行存款业务及办理转账业务的相关知识。

物品准备:转账单据。

设备设施:跨专业综合实训软件平台。

【实训内容】

① 模拟银行进行存款的操作。

② 模拟银行进行转账的操作。跨专业综合实训软件平台的转账只是生产企业和周边外围服务的转账操作。

8.2.5 撰写企业贷款调查报告

【实训目的】

了解银行办理贷款的流程,学习撰写企业贷款调查报告。

【任务类别】

流程岗位作业。

【实训组织】

金融或相关专业教师1名。

银行小组人员和核心的生产企业、商贸企业小组。

【实训准备】

知识准备:了解银行办理贷款、填写调查报告的相关知识。

物品准备:贷款申请书,调查报告。

设备设施:跨专业综合实训软件平台。

【实训内容】

① 银行对生产企业的贷款申请书(见附录24)进行处理。

② 银行根据生产企业的贷款理由、贷款金额、贷款用途来对生产企业进行调查,调查生产企业的经营情况以及财务情况,并填写贷款调查报告(见附录25)。如果审核通过,则生产企业可以准备其他事宜;如果审核不通过,则生产企业需要重新进行申请,完成贷款申请书。

扫二维码,下载附录24。

扫二维码,下载附录25。

附录24

附录25

8.2.6　审核企业贷款抵押合同

【实训目的】

了解银行办理贷款时签订企业贷款抵押合同的流程和注意事项。

【任务类别】

流程岗位作业。

【实训组织】

金融或相关专业教师1名。

银行小组人员和核心的生产企业、商贸企业小组。

【实训准备】

知识准备:了解银行办理贷款、签订抵押合同的相关知识。

物品准备:借款抵押合同。

设备设施:跨专业综合实训软件平台。

【实训内容】

银行对生产企业的抵押合同进行审核,审核通过后,银行和生产企业签订抵押合同(见附录26)。

扫二维码,下载附录26。

附录26

8.2.7 签订贷款合同

【实训目的】

了解银行办理贷款时签订贷款合同的流程。

【任务类别】

现场任务。

【实训组织】

金融或相关专业教师 1 名。

银行小组人员和核心的生产企业、商贸企业小组。

【实训准备】

知识准备:了解银行办理贷款、签订贷款合同的相关知识。

物品管理:人民币资金借贷合同。

设备设施:跨专业综合实训软件平台。

【实训内容】

银行对企业签订的贷款合同进行处理,如果对其贷款合同审核通过,则和企业签订贷款合同(见附录 27)。

扫二维码,下载附录 27。

附录 27

8.2.8 发放贷款

【实训目的】

了解银行发放贷款的流程和注意事项。

【任务类别】

流程岗位作业。

【实训组织】

金融或相关专业教师 2 名。

银行小组人员和核心的生产企业、商贸企业小组。

【实训准备】

知识准备:了解银行发放贷款的相关知识。

设备设施:跨专业综合实训软件平台。

【实训内容】

银行对生产企业发放贷款。

8.2.9 询证函管理

【实训目的】

了解银行发布询证函的流程和注意事项。

【任务类别】

流程岗位作业

【实训组织】

金融或相关专业教师 1 名。

银行组成人员和核心的生产企业、商贸企业小组。

【实训准备】

知识准备：了解银行发布询证函的相关知识。

物品准备：银行询证函。

设备设施：跨专业综合实训软件平台。

【实训内容】

银行给企业发放询证函，协助会计师事务所进行验资操作，完成银行询证函（见附录 28）。

扫二维码，下载附录 28。

附录 28

第9章 会计师事务所

学习目标

1. 掌握现代风险导向审计的基本原理;
2. 了解会计师事务所开展初步业务活动的主要内容;
3. 掌握总体审计策略和具体审计计划的编制方法;
4. 了解被审计单位及其环境,进行风险评估;
5. 掌握总体审计方案的制订原理;
6. 掌握各业务循环的审计测试方法,包括实质性测试和控制测试;
7. 掌握形成审计意见的基本原理,并出具审计报告。

重点、难点

现代风险导向审计的基本原理、审计风险的识别和评估程序、各业务循环审计程序(包括实质性测试和控制测试)的理解和运用。

9.1 业务概述

9.1.1 会计师事务所工作职责

会计师事务所是指依法独立承担注册会计师业务的中介服务机构,是由有一定会计专业水平、经考核取得证书的会计师(如中国的注册会计师、美国的执业会计师、英国的特许会计师、日本的公认会计师等)组成的,受当事人委托承办有关审计、会计、咨询、税务等方面业务的组织。会计师事务所主要职责如下。

① 对企业会计报表进行审查并出具审计报告。

② 对企业资本进行验证并出具验资报告。

③ 办理企业清算或者合并等相关审计业务并出具审计报告。

④ 担任企业会计顾问,设计财务会计制度,代理记账和纳税申报,提供与税务以及会计有关的各种经济咨询。

⑤ 对企业前景以及财务资料进行审核,对企业资产进行综合性评估,参与各种可行性研究。

9.1.2 风险导向审计

在仿真实训平台中,会计师事务所的主要业务是审计业务,以风险导向审计为基本理念。风险导向审计是指注册会计师以审计风险模型为基础进行的审计,以战略观和系统观思想指导重大错报风险评估和整个审计流程,核心思想可以概括为:审计风险主要来源于企业财务报告的重大错报风险,而错报风险主要来源于整个企业的经营风险和舞弊风险。风险导向审计的特点是:审计目标是证实财务报表的公允性,同时考虑审计风险,将审计风险降低至可接受水平;以评价审计风险为导向性目标并指导审计的全过程,审计风险模式不等于风险导向审计,只有将其运用于审计全过程时,才是风险导向审计。

风险导向审计重视审计战略的选择,既注重降低审计风险,又注重节省审计成本。风险导向审计的主要程序是:实施分析性程序,确定重要性标准,初步评价可接受审计风险和固有风险,了解被审计单位的内部控制结构和评价控制风险;依据审计风险模型,确定及检查被审计单位的风险水平,制订审计总体计划和具体计划。如果初步评价控制风险水平较低,则实施控制测试,依据控制测试的结果,确定是否扩大交易的实质性测试。如果初步评价控制风险水平较高,则应直接转入交易的实质性测试,评价财务报表的可靠性。

风险导向审计要求注册会计师在审计过程中,以重大错报风险的识别、评估和应对作为工作主线。风险导向审计过程可以分为以下步骤。

① 开展初步业务活动与计划审计工作。

② 了解被审计单位及其环境。

③ 了解被审计单位内部控制。

④ 实施业务流程层面控制测试。

⑤ 执行实质性程序。

⑥ 完成审计工作并出具审计报告。

9.1.3 初步业务活动

初步业务活动是指注册会计师在本期审计业务开始时开展的有利于计划和执行审计工作,实现审计目标的活动的总称。在审计业务开始时,注册会计师需要开展初步业务活动,以实现以下主要目的:具备执行业务所需的独立性和能力;不存在因管理层诚信问题而可能影响注册会计师保持该项业务意愿的事项;与被审计单位不存在对业务约定条款的误解。

注册会计师应当开展下列初步业务活动:针对保持客户关系和具体审计业务实施相应的质量管理程序;评价遵守相关职业道德要求的情况;就审计业务约定条款达成一致意见。审计业务约定书是指会计师事务所与被审计单位签订的,用以记录和确认审计业务的委托与受托关系、财务报表审计的目标和范围、双方的责任以及拟出具审计报告的预期形式和内容等事项的书面协议。注册会计师应当在审计业务开始前,与被审计单位就审计业务约定条款达成一致意见,并签订审计业务约定书,以避免双方对审计业务的理解产生分歧。

会计师事务所开展初步业务活动的程序如下。

① 与被审计单位面谈时,讨论下列事项:审计的目标与范围;审计报告的用途;管理层的责任;适用的财务报告编制基础;计划和执行审计工作的安排;拟出具的审计报告的预期形式和内容,以及对在特定情况下出具的审计报告可能不同于预期形式和内容的说明;对审计涉及的被审计单位内部审计人员和其他员工工作的安排;对利用其他注册会计师和专家工作的安排;与前任注册会计师(如存在)沟通的安排;收费的计算基础和收费安排;对审计结果的其他沟通形式;其他需要达成一致意见的事项。

② 对于首次接受审计委托的业务,在征得被审计单位书面同意后,与前任注册会计师沟通,并对沟通结果进行评价。

③ 初步了解被审计单位及其环境,或其发生的重大变化,并予以记录。

④ 对于连续审计业务,查阅以前年度审计工作底稿,如果以前年度在审计报告中发表了非无保留意见,评价导致对上期财务报表发表非无保留意见的事项对本期的影响,了解以前年度在与治理层的沟通函中提及的值得关注的内部控制缺陷是否已得到解决等。

⑤ 对于连续审计业务,考虑是否需要修改业务约定条款,以及是否需要提醒被审计单位注意现有的业务约定条款。

⑥ 如为集团审计业务,确定是否需要修改业务约定条款,以及是否需要提醒被审计单位注意现有的业务约定条款。

⑦ 评价是否具备执行该项审计业务所需要的独立性和能力。

⑧ 完成业务承接评价表或业务保持评价表。

⑨ 签订审计业务约定书(适用于首次接受业务委托,以及连续审计中修改长期审计业务约定书条款的情况)。

9.1.4 计划审计工作

计划审计工作是指注册会计师对审计工作作出规划和安排,对于注册会计师顺利完成审计工作和控制审计风险具有非常重要的意义。在计划审计工作时,注册会计师需要执行总体审计策略和具体审计计划,包括确定可接受的风险水平、确定重要性水平等。总体审计策略内容包括审计范围、报告目标/时间、审计方向和审计资源及安排,具体审计计划内容包括所审计项目的审计目标及选择的审计程序的性质、时间和范围。

重要性水平是注册会计师运用职业判断确定的一个重要的审计指标,需要注册会计师站在会计报表使用者的角度考虑。重要性水平取决于在具体环境下对错报金额和性质的判断,是指会计报表中的错报(包括漏报)影响会计报表使用者决策的"临界点",即超过该点就会影响使用者的判断和决策。

确定财务报表的重要性时应考虑以下因素。

① 财务报表要素,如资产、负债、所有者权益、收入和费用。

② 是否存在特定会计主体的财务报表使用者特别关注的项目,如为了评价财务业绩,使用者可能更关注利润、收入或净资产。

③ 被审计单位的性质、所处的生命周期阶段以及所处行业和经济环境。

④ 被审计单位的所有权结构和融资方式。例如,如果被审计单位仅通过债务而非权益进行融资,财务报表使用者可能更关注资产及资产的索偿权,而非被审计单位的收益。

⑤ 基准的相对波动性。

9.1.5 了解被审计单位及其环境

《中国注册会计师审计准则第1211号——通过了解被审计单位及其环境识别和评估重大错报风险》作为专门规范风险评估的准则,规定注册会计师应当了解被审计单位及其环境,以充分识别和评估财务报表重大错报风险,设计和实施进一步审计程序。

在风险导向审计模式下,注册会计师以重大错报风险的识别、评估和应对为审计工作的主线,最终将审计风险控制在可接受水平。风险识别和评估,是指注册会计师通过实施风险评估程序,识别和评估财务报表层次和认定层次的重大错报风险。风险识别是指找出财务报表层次和认定层次的重大错报风险;风险评估是指对重大错报发生的可能性和后果严重程度进行评估。

注册会计师应当从下列方面了解被审计单位及其环境。

① 相关行业状况、法律环境和监管环境以及其他外部因素。

② 被审计单位的性质:所有权结构、治理结构、组织结构、经营活动、投资活动、筹资活动、财务报告等。

③ 被审计单位对会计政策的选择和运用：被审计单位选择和运用的会计政策、会计政策变更的情况、对重大和异常交易的会计处理方法、新颁布的会计准则和法律法规以及被审计单位何时采用如何采用这些规定等。

④ 被审计单位的目标、战略以及可能导致重大错报风险的相关经营风险。

⑤ 对被审计单位财务业绩的衡量和评价：关键业绩指标（财务或非财务的）、关键比率、趋势和经营统计数据，同期财务业绩比较分析，预测、预算和差异分析，管理层和员工业绩考核与激励性报酬政策，分部信息与分部、部门或不同层次部门的业绩报告，与竞争对手的业绩比较，外部机构提供的报告等。

⑥ 被审计单位的内部控制。

9.1.6　了解被审计单位内部控制

内部控制是被审计单位为了合理保证财务报告的可靠性、经营的效率和效果以及对法律法规的遵守，由治理层、管理层和其他人员设计与执行的政策及程序。

1. 从整体层面了解被审计单位内部控制

(1) 整体层面的内部控制要素：
① 控制环境（该要素更多地对被审计单位整体层面产生影响）；
② 风险评估过程；
③ 与财务报告相关的信息系统和沟通；
④ 控制活动；
⑤ 对控制的监督。

控制环境包括治理职能和管理职能，以及治理层和管理层对内部控制及其重要性的态度、认识和措施。控制环境设定了被审计单位的内部控制基调，影响员工对内部控制的意识。良好的控制环境是实施有效内部控制的基础。防止或发现并纠正舞弊和错误是被审计单位治理层和管理层的责任。在评价控制环境的设计和实施情况时，注册会计师应当了解管理层在治理层的监督下，是否营造并保持了诚实守信和合乎道德的文化，以及是否建立了防止或发现并纠正舞弊和错误的恰当控制。

(2) 整体层面了解和评价内部控制的工作内容：
① 了解被审计单位整体层面内部控制的设计，并记录所获得的信息；
② 针对被审计单位整体层面内部控制的控制目标，记录相关的控制活动；
③ 执行询问、观察和检查等程序，评价控制的执行情况；
④ 对被审计单位整体层面内部控制的设计和执行进行评价，记录内部控制要素存在的缺陷以及对审计的影响。

2. 从业务流程层面了解被审计单位内部控制

业务流程层面的内部控制主要与业务流程和认定相关。一般控制是属于整体层面的内部控制,而信息系统的应用控制是属于业务流程层面的内部控制,内部控制五要素中的控制活动涉及大量业务流程层面的内部控制。

业务流程层面的内部控制包含六个方面:确定被审计单位的重要业务流程和重要交易类别;了解重要交易流程,并进行记录;确定可能发生错报的环节;识别和了解相关控制;执行穿行测试,证实对交易流程和相关控制的了解;进行初步评价和风险评估。

(1)确定被审计单位的重要业务流程和重要交易类别。

制造企业主要业务流程包括以下方面:销售与收款循环、采购与付款循环、生产与存货循环、货币资金循环、筹资与投资循环、工薪与人事循环、固定资产和其他长期资本循环。重要交易类别是指可能对被审计单位财务报表产生重大影响的各类交易。重要交易类别应与相关账户及其认定相联系。例如,对于一般制造企业,销售收入和应收账款通常是重大账户,销售和收款都是重要交易类别。除了一般所理解的交易以外,对财务报表具有重大影响的事项和情况也应包括在内。例如,计提资产的折旧或摊销,考虑应收款项的可回收性和计提坏账准备等。

(2)了解重要交易流程,并进行记录。

在确定了重要的业务流程和交易类别后,注册会计师便可着手了解每一类重要交易在信息技术或人工系统中生成、记录、处理及在财务报表中报告的程序,即重要交易流程。这是确定在哪个环节或哪些环节可能发生错报的基础。注册会计师了解重要交易相关的流程通常包括生成、记录、处理和报告交易等活动。例如,在销售循环中,这些活动包括输入销售订购单、编制货运单据和发票、更新应收账款信息记录等。注册会计师要注意记录以下信息:输入信息的来源;所使用的重要数据档案,如客户清单及价格信息记录;重要的处理程序,包括在线输入和更新处理;重要的输出文件、报告和记录;基本的职责划分,即列示各部门所负责的处理程序。

(3)确定可能发生错报的环节。

注册会计师应确认和了解被审计单位应在哪些环节设置控制,以防止或发现并纠正各重要业务流程可能发生的错报。

(4)识别和了解相关控制。

通过对被审计单位的了解,包括在被审计单位整体层面对内部控制各要素的了解,以及在上述程序中对重要业务流程的了解,注册会计师可以确定是否有必要进一步了解在业务流程层面的控制。如果注册会计师计划对业务流程层面的有关控制进行进一步的了解和评价,那么针对业务流程中容易发生错报的环节,注册会计师应当确定:被审计单位是否建立了有效的控制,以防范或发现并纠正这些错报;被审计单位是否遗漏了必要的控制;被审计单位是否识别了可以最有效测试的控制。

(5)执行穿行测试,证实对交易流程和相关控制的了解。

在了解了各类重要交易在业务流程中发生、处理和记录的过程后,注册会计师通常会执行穿行测试。穿行测试可获得下列方面的证据:确认对业务流程的了解;确认对重要交易的了解是完整的,即在交易流程中所有与财务报表认定相关的可能发生错报的环节都已识别;确认所获取的有关流程中的预防性控制和检查性控制信息的准确性;评估控制设计的有效性;确认控制是否得到执行;确认之前所做的书面记录的准确性。

(6)进行初步评价和风险评估。

对控制的初步评价是指在识别和了解被审计单位的内部控制之后,通过执行上述程序,并根据获取的审计证据,注册会计师需要评价控制设计的合理性并确定其是否已得到执行。评价的结论可能是:所设计的控制单独或连同其他控制能够防止或发现并纠正重大错报,并得到执行;控制本身的设计是合理的,但没有得到执行;控制本身的设计就是无效的或缺乏必要的控制。风险评估需要考虑账户特征及已识别的重大错报风险和对被审计单位整体层面控制的评价。

9.1.7 实施业务流程层面控制测试

控制测试是为了获取关于控制防止或发现并纠正认定层次重大错报的有效性而实施的测试,是指用于评价内部控制在防止或发现并纠正认定层次重大错报方面的运行有效性的审计程序。

财务报表审计的组织方法大致有两种:① 账户法,即对财务报表的每个账户余额单独进行审计;② 循环法,即将财务报表分成几个循环进行审计,也把紧密联系的各类交易和账户余额归入同一循环中,按业务循环组织实施审计。控制测试是在了解被审计单位内部控制、实施风险评估基础上进行的,与被审计单位的业务流程关系密切。因此,业务流程层面控制测试通常采用循环法实施。

一般而言,在财务报表审计中可将被审计单位的所有交易和账户余额划分为多个业务循环。制造企业业务流程主要包括以下业务循环:销售与收款循环、采购与付款循环、生产与存货循环、货币资金循环、筹资与投资循环、工薪与人事循环、固定资产和其他长期资本循环。在本仿真平台中重点介绍前四个业务循环。

1. 销售与收款循环

销售与收款循环是由同客户交换商品或劳务,以及收到现金收入等有关业务活动组成的。在赊销方式下,销售与收款业务流程主要包括处理客户订单、批准赊销信用、发送货物、开具销售发票、记录销售与收款业务、定期对账和收回账款、审批销售退回与折让、审批坏账的注销等。销售与收款循环的主要业务活动如下。

① 处理客户订货:企业在收到客户订单之后,应立即编制销货单,列示客户订购的商品名称、规格、数量等,以此作为处理订货的依据。

② 批准赊销信用:对于赊销业务,在发出商品之前,按照赊销政策调查客户的信用状况,经过合法授权人员批准客户的赊销额、赊销期。

③ 发运商品:发运商品是该业务循环中出让资产的起点,发出商品时要编制发运凭证作为发货证明。

④ 向客户开出账单并登记销货业务:开出恰当数额账单的关键是根据实际发货数量

和批准的价格确定向客户收取的货款,在销货日记账和应收账款明细账中恰当地记录销售业务。

⑤ 定期对账和催收账款:财会部门应定期编制并向客户寄送应收账款对账单,与客户核对账面记录,并编制应收账款账龄分析表,对已超过正常信用期限的客户以各种方式催收货款,且通知信用管理人员。

⑥ 收取货款并记录现金、银行存款收入:处理货款时最重要的是要保证全部收入都如数、及时地记入现金或银行存款日记账和有关明细账。

⑦ 备抵坏账:按照会计稳健性原则,提取坏账准备,以抵补企业以后发生的坏账损失。

⑧ 审批销售退回与折让:通常由销售部门主管根据退货验收单和入库单批准退货,对销售折让同样由具有审批权的销售人员批准后执行,并据此编制贷项通知单,财会部门根据销售退回与折让凭证及时、准确记录。

⑨ 注销坏账:确认应收款账无法收回时,经管理当局批准后将其注销,由财会人员冲减相应应收账款。财会部门应设置已注销应收账款备查簿,防止以后收回已注销的应收账款出现错弊。

2. 采购与付款循环

采购与付款循环是制造企业的重要业务流程,主要包括采购和付款两个重要交易类别。注册会计师可以运用检查、询问、观察等程序来了解采购与付款循环的交易流程。仓库管理部门和商品或劳务的使用部门均可以提出购买商品或劳务的申请。每张请购单必须经过对这类支出负预算责任的主管人员签字批准,审批后送交采购部门。采购与付款循环的主要业务活动如下。

① 制订采购计划:基于企业的生产经营计划,生产、仓库等部门定期编制采购计划,经部门负责人等管理人员审批后提交采购部门,具体安排商品及服务采购。

② 供应商认证及信息维护:企业通常对于合作的供应商事先进行资质等审核,将通过审核的供应商信息录入系统,形成完整的供应商清单,并及时对其信息变更进行更新,采购部门只能向通过审核的供应商进行采购。

③ 请购商品和服务:采购部门负责编制请购单,发出请购单。请购单由生产、仓库等部门的有关人员填写,送交采购部门,是申请购买商品、服务或其他资产的书面凭据。

④ 审批:金额在规定金额以下的请购单由采购经理负责审批,金额在规定范围内的请购单由总经理负责审批,金额超过规定金额的请购单经董事会审批。

⑤ 询价:按照请购单根据所请购产品的规格型号,做好充足的询价比价及产品质量、交货周期和服务配合度对比。

⑥ 确当供应商:询价后确定最佳供应商,但询价与确定供应商的职责应当分离,对于大额、重要的采购项目,应采取竞价方式来确定供应商。

⑦ 合同谈判:与供应商订立采购合同,共同商谈合作细节,明确所有合同参与方的权利与义务,以及各方违约的处理方式。

⑧ 制作订购单：订购单包含货物名称、规格、数量、价格、交货期等内容，是由买方向卖方订购货物时填写的单据。订购单是买方和卖方间交易货物的依据或凭证。

⑨ 执行采购：根据订购单信息，安排供应商发货，收取采购发票，开展仓储验收等事宜，同时跟踪采购单，有效控制采购流程。

⑩ 验收：验收部门首先需要比较所验收商品与订购单上的要求是否相符，然后盘点商品并检查商品有无损坏。验收部门对已收货的每张订购单编制一式多联、预先按顺序编号的验收单。验收人员应将验收单其中的一联送交应付凭单部门。

⑪ 编制付款凭证：编制有预先顺序编号的付款凭单，并附上支持性凭证（如订购单、验收单和供应商发票等）。

⑫ 应付账款明细账：在应付凭单登记簿或应付账款明细账中加以记录，包括发票上所记载的品名、规格、价格、数量、条件及运费等。

3. 生产与存货循环

生产与存货循环是企业生产经营的基本循环，主要涉及资产负债表中"存货""营业成本""存货跌价准备"等科目，这些项目在报表中有相当重要的作用，会对企业的净利润产生重大影响。生产与存货循环的主要业务活动如下。

① 计划和安排生产：生产计划部门根据客户订购单或者销售部门对销售预测和产品市场需求的分析等信息，编写月度生产计划。生产计划部门编制连续编号的生产通知单，并经生产计划经理审批后上报总经理批准。

② 发出原材料：仓储部门根据从生产部门收到的领料单发出原材料。

③ 生产产品：生产部门在收到生产通知单及领取原材料后，将生产任务分解到每一个生产工人身上，并将所领取的原材料交给生产工人，使生产工人据以执行生产任务。

④ 核算产品成本：生产通知单、领料单、计工单、产量统计记录表、生产统计报告、入库单等文件资料都要汇集到会计部门进行检查和核对，以便了解和控制生产过程中存货的实物流转。

⑤ 产成品入库及储存：产成品入库时，须由仓储部门检查产成品验收单，清点产成品数量，并填写预先连续编号的产成品入库单。仓储部门签收产成品后，由质检经理、生产经理和仓储经理签字确认后将实际入库数量通知会计部门。

⑥ 发出产成品：产成品的发运须由独立的发运部门进行，装运产成品时必须持有经有关部门核准的发运通知单，并据此编制事先连续编号的产成品出库单。

⑦ 存货盘点：管理人员编制盘点指令，安排适当人员对存货实物（包括原材料、在产品和产成品等所有存货类别）进行定期盘点，将盘点结果与存货账面数量进行核对，调查差异并进行适当调整。

⑧ 计提存货跌价准备：财务部门根据存货货龄分析表信息及相关部门提供的有关存货状况的信息，结合存货盘点过程中对存货状况的检查结果，对出现损毁、滞销、跌价等降低存货价值的情况进行分析计算，计提存货跌价准备。

4. 货币资金循环

企业资金营运过程,从资金流入企业形成货币资金开始,到通过销售收回货币资金、成本补偿确定利润、部分资金流出企业为止。企业资金的不断循环,构成企业的资金周转、货币资金与各业务循环均直接相关。货币资金业务循环的职责分工具体如下。

① 采购费用、销售费用、劳动工资等货币资金收支业务处理与记账相互独立。

② 收入单据的开具与审核相互独立。

③ 支出和报销单据的编制、审批、审核相互独立。

④ 收付款结算办理与审核相互独立。

⑤ 支票的签发与出纳相互独立。

⑥ 记账凭证的编制与审核相互独立。

⑦ 出纳与会计相互独立,现金、银行存款日记账的登记与总账相互独立。

⑧ 由出纳员以外人员编制银行存款调节表和对现金进行稽核。

⑨ 支票保管与印章保管应由不同的人承担,以防止管理失控。

9.1.8 执行实质性程序

1. 实质性程序

实质性程序是指用于发现认定层次重大错报的审计程序,包括对各类交易、账户余额和披露的细节测试以及实质性分析程序。注册会计师实施的实质性程序应当包括下列与财务报表编制完成阶段相关的审计程序:① 将财务报表中的信息与其所依据的会计记录进行核对或调节,包括核对或调节披露中的信息,无论该信息是从总账和明细账中获取的,还是从总账和明细账之外的其他途径获取的;② 检查财务报表编制过程中做出的重大会计分录和其他调整。注册会计师对会计分录和其他会计调整检查的性质和范围,取决于被审计单位财务报告过程的性质和复杂程度以及由此产生的重大错报风险。

如果认为评估的认定层次重大错报风险是特别风险,注册会计师应当专门针对该风险实施实质性程序。如果针对特别风险实施的程序仅为实质性程序,这些程序应当包括细节测试,或将细节测试和实质性分析程序结合使用,以获取充分、适当的审计证据。为应对特别风险需要获取具有高度相关性和可靠性的审计证据,仅实施实质性分析程序不足以获取有关特别风险的充分、适当的审计证据。

(1)细节测试。

细节测试是对各类交易、账户余额和披露的具体细节进行测试,目的在于直接识别财务报表认定是否存在错报。细节测试适用于对各类交易、账户余额和披露认定的测试,尤其适用于对存在或发生、计价认定的测试。在针对存在或发生认定设计细节测试时,注册会计师应当选择包含在财务报表金额中的项目,并获取相关审计证据。在针对完整性认定设计细节测试时,注册会计师应当选择有证据表明应包含在财务报表金额中的项目,并调查这些项目是否确实包括在内。

(2)实质性分析程序。

实质性分析程序从技术特征上讲仍然是分析程序,主要是通过研究数据间关系评价信息,只是将该技术方法用作实质性程序。实质性分析程序用以识别各类交易、账户余额和披露及相关认定是否存在错报,通常更适用于在一段时间内存在可预期关系的大量交易。

注册会计师在设计实质性分析程序时应当考虑的因素如下:

① 对特定认定适用实质性分析程序的适当性;
② 作出预期的准确程度是否足以在计划的保证水平上识别重大错报;
③ 对已记录的金额或比率作出预期时,所依据的内部或外部数据的可靠性;
④ 已记录金额与预期值之间可接受的差异额。

考虑到数据及分析的可靠性,当实施实质性分析程序时,如果使用被审计单位编制的信息,注册会计师应当考虑测试与信息编制相关的控制,以及这些信息是否在本期或前期经过审计。

2. 销售与收款循环的实质性程序

和销售与收款循环相关的财务报表项目主要为营业收入和应收账款,此外还有应收票据、预售款项、合同负债、长期应收款、应交税费等。这里从风险应对的具体审计目标和相关认定的角度出发,对实务中较为常见的针对营业收入和应收账款的实质性程序进行阐述。

(1)营业收入的实质性程序。

营业收入包括主营业务收入和其他业务收入,本节仅对主营业务收入的实质性程序作出详细阐述。主营业务收入的实质性程序如下。

① 获取营业收入明细表,复核加计是否正确,并与总账数和明细账合计数核对。
② 实施实质性分析程序:针对已识别需要运用分析程序的有关项目,并基于对被审计单位及其环境的了解,通过进行比较,同时考虑有关数据间关系的影响,来建立有关数据的期望值;确定可接受的差异额;将实际金额与期望值相比较,计算差异额;如果差异额超过确定的可接受差异额,调查并获取充分的解释和恰当的、佐证性质的审计证据(如通过检查相关的凭证等)。
③ 检查主营业务收入确认方法是否符合《企业会计准则》的规定。
④ 检查交易价格。
⑤ 检查与收入交易相关的原始凭证与会计分录。
⑥ 从出库单中选取样本,追查至主营业务收入明细表,以确定是否存在遗漏事项。
⑦ 结合对应收账款实施的函证程序,选择客户函证本期销售额。
⑧ 实施销售截止测试。

(2)应收账款的实质性程序。

① 获取应收账款明细表,复核加计是否正确,并与总账数和明细账合计数核对,结合损失准备科目与报表数核对是否相符,分析有贷方余额的项目,查明原因。

② 分析与应收账款相关的财务指标。

③ 对应收账款实施函证程序。

④ 对应收账款余额实施函证以外的细节测试。

⑤ 检查坏账的冲销和转回。

⑥ 确定应收账款的列报是否恰当。

应收账款属于以摊余成本计量的金融资产,企业应当以预期信用损失为基础,对其进行减值会计处理、确认坏账准备,并对外账准备实施实质性程序。

3. 采购与付款循环的实质性程序

(1)应付账款的实质性程序。

① 获取应付账款明细表,并进行复核和分析。

② 对应付账款实施函证程序。

③ 检查应付账款是否计入正确的会计期间,是否存在未入账的应付账款。

④ 寻找未入账负债的测试。

⑤ 检查应付账款长期挂账的原因并作出记录,检查对确实无须支付的应付账款的会计处理是否正确。

⑥ 检查应付账款是否已按照《企业会计准则》的规定在财务报表中作出恰当列报和披露。

(2)一般费用的实质性程序。

折旧/摊销和人工费用涵盖在其他循环中,此处提及的是除这些费用以外的一般费用,如差旅费、广告费。一般费用的实质性程序如下。

① 获取一般费用明细表,并进行复核和分析。

② 实施实质性分析程序:考虑可获取信息的来源、可比性、性质和相关性以及与信息编制相关的控制,评价在对记录的金额或比率作出预期时使用数据的可靠性;将费用细化到适当层次,根据关键因素和相互关系(例如,本期预算、费用类别与销售数量、职工人数的变化之间的关系等)设定预期值,评价预期值是否足够精确以识别重大错报;确定已记录金额与预期值之间可接受的、无须作进一步调查的可接受的差异额;将已记录金额与期望值进行比较,识别需要进一步调查的差异;调查差异,询问管理层,针对管理层的答复获取适当的审计证据,根据具体情况在必要时实施其他审计程序。

③ 从资产负债表日后的银行对账单或付款凭证中选取项目进行测试,检查支持性文件(如合同或发票),关注发票日期和支付日期,追踪已选取项目至相关费用明细表,检查费用所计入的会计期间,评价费用是否被记录于正确的会计期间。

④ 对本期发生的费用选取样本,检查其支持性文件,确定原始凭证是否齐全、记账凭证与原始凭证是否相符以及账务处理是否正确。

⑤ 抽取资产负债表日前后的凭证,实施截止测试,评价费用是否被记录于正确的会计期间。

⑥ 检查一般费用是否已按照《企业会计准则》及其他相关规定在财务报表中作出恰当的列报和披露。

4. 生产与存货循环的实质性程序

(1) 存货的实质性程序。

① 获取年末存货余额明细表,并进行复核和分析。

② 评价管理层用以记录和控制存货盘点结果的指令和程序。

③ 观察管理层制订的盘点程序(如对盘点时及其前后的存货移动的控制程序)和执行情况。

④ 检查存货。

⑤ 执行抽盘。

⑥ 需要特别关注的情况:存货盘点范围,对特殊类型存货的监盘。

(2) 存货计价测试。

① 被审计单位所使用的存货单位成本是否正确:直接材料成本测试、直接人工成本测试、制造费用测试、生产成本在当期完工产品与在产品之间分配的测试。

② 存货跌价准备的测试:识别需要计提存货跌价准备的存货项目,检查可变现净值的计量是否合理。

5. 货币资金的实质性程序

(1) 库存现金的实质性程序。

① 核对库存现金日记账与总账的金额是否相符,检查非记账本位币库存现金的折算汇率及折算金额是否正确。

② 监盘库存现金:查看被审计单位制订的盘点计划,以确定监盘时间;查阅库存现金日记账并同时与现金收付凭证相核对;检查被审计单位现金实存数,并将该监盘金额与库存现金日记账进行核对;在非资产负债表日进行监盘时,应将监盘金额调整至资产负债表日的金额,并对变动情况实施程序。

③ 抽查大额库存现金收支。

④ 检查库存现金是否在财务报表中作出恰当列报。

(2) 银行存款的实质性程序。

① 获取银行存款余额明细表,并进行复核和分析。

② 实施实质性分析程序:计算银行存款累计余额应收利息收入,分析比较被审计单位银行存款应收利息收入与实际利息收入的差异是否恰当,评估利息收入的合理性,检查是否存在高息资金拆借,确认银行存款余额是否存在、利息收入是否已经完整记录。

③ 检查银行存款账户发生额。

④ 取得并检查银行对账单的银行存款余额调节表。

(3) 其他货币资金的实质性程序。

① 保证金存款的检查,保证开立银行承兑汇票的协议或银行授信审批文件。

② 对于存出投资款,跟踪资金流向,并获取董事会决议等批准文件、开户资料、授权操作资料等。

③ 检查因互联网支付留存于第三方支付平台的资金。

9.1.9 完成审计工作并出具审计报告

1. 审计完成阶段

审计完成阶段是审计的最后一个阶段。注册会计师按业务循环完成各财务报表项目的审计测试和一些特殊项目的审计工作后,在审计完成阶段汇总审计测试结果,进行更具综合性的审计工作,如评价审计中的重大发现,评价审计过程中发现的错报,关注期后事项对财务报表的影响,复核审计工作底稿和财务报表等。在此基础上,注册会计师评价审计结果,在与客户沟通以后,获取管理层声明,确定应出具的审计报告的意见类型和措辞,进而编制并致送审计报告,终结审计工作。

审计完成阶段的具体工作如下。

① 评价审计过程中识别出的错报。

② 编制试算平衡表。

③ 设计和实施分析程序,对财务报表形成总体结论。

④ 与管理层召开总结会进行沟通。

⑤ 与治理层进行沟通。

⑥ 评价审计结果,形成审计意见,并撰写审计报告。

⑦ 项目经理签署复核声明书。

⑧ 项目合伙人签署复核声明书。

⑨ 项目质量控制复核人签署复核声明书。

⑩ 获取管理层和治理层(如适用)的书面声明,并确定其日期不得晚于审计报告日。

⑪ 完成审计总结。

⑫ 完成审计工作完成情况核对表。

⑬ 签发审计报告。

2. 审计报告

审计报告是指注册会计师根据审计准则的规定,在执行审计工作的基础上,对财务报表发表审计意见的书面文件。审计报告是注册会计师在完成审计工作后向委托人提交的最终产品。注册会计师应当根据由审计证据得出的结论,清楚表达对财务报表的意见。注册会计师一旦在审计报告上签名并盖章,就表明对其出具的审计报告负责。

审计意见是指注册会计师在完成审计工作后,对于鉴证对象是否符合鉴证标准而发表的意见。对于财务报表审计而言,是对财务报表是否已按照适用的会计准则编制,以及财务报表是否在所有重大方面公允反映了被审计单位的财务状况、经营成果和现金流量发表意见。

财务报表审计的审计意见的类型分为以下4种。

① 标准的无保留意见:当注册会计师认为财务报表在所有重大方面按照适用的财务报告编制基础编制并实现公允反映时发表的审计意见。

② 保留意见:说明注册会计师认为财务报表整体是公允的,但是存在影响重大的错报。

③ 否定意见:说明注册会计师认为财务报表整体是不公允的或没有按照适用的会计准则的规定编制。

④ 无法表示意见:说明注册会计师的审计范围受到了限制,且其可能产生的影响是重大而广泛的,审计师不能获取充分的审计证据。

3. 审计工作底稿

审计工作底稿是指注册会计师对制订的审计计划、实施的审计程序、获取的相关审计证据,以及得出的审计结论作出的记录。审计工作底稿是审计证据的载体,是注册会计师在审计过程中形成的审计工作记录和获取的资料。审计工作底稿形成于审计过程,也反映整个审计过程。

审计工作底稿通常包括总体审计策略、具体审计计划、分析表、问题备忘录、重大事项概要、询证函回函和声明、核对表、有关重大事项的往来函件(包括电子邮件)。注册会计师还可以将被审计单位文件的摘要或复印件(如重大的或特定的合同和协议)作为审计工作底稿的一部分。审计工作底稿通常还包括业务约定书、管理建议书、项目组内部或项目组与被审计单位举行的会议记录、与其他人士(如其他注册会计师、律师、专家等)的沟通文件及错报汇总表等。

审计工作底稿通常不包括已被取代的审计工作底稿的草稿或财务报表的草稿、反映不全面或初步思考的记录、存在印刷错误或其他错误而作废的文本,以及重复的文件记录等。由于这些草稿、错误的文本或重复的文件记录不直接构成审计结论和审计意见的支持性证据,因此,注册会计师通常无须保留这些记录。

会计师事务所应当制订有关及时完成最终业务档案归整工作的政策和程序。审计工作底稿的归档期限为审计报告日后60天内。如果注册会计师未能完成审计业务,审计工作底稿的归档期限为审计业务中止后的60天内。在完成最终审计档案的归整工作后,注册会计师不应在规定的保存期限届满前删除或废弃任何性质的审计工作底稿。

9.2 实训任务

9.2.1 会计师事务所团队构建和组织结构设计

【实训目的】

了解会计师事务所的业务情况、工作流程和工作职责,根据仿真环境设计出合理的组织结构图。

【任务类别】

现场任务。

【实训组织】

会计专业或者财务管理专业的指导教师1名。

会计师事务所由4~6名会计专业或者财务管理专业的学生组成,岗位包括合伙人、审计专员等岗位。

【实训准备】

知识准备:掌握会计师事务所的情况,同时对组织结构设计知识有一定的了解。

物品准备:笔、纸张。

设备设施:跨专业综合实训软件平台。

【实训内容】

① 根据跨专业综合实训软件平台涉及的会计师事务所业务,列出会计师事务所业务清单,完成会计师事务所组织结构图(见附录18)。

② 根据业务清单进行岗位分工,并完成岗位职责说明书(见附录13)。

③ 会计师事务所合伙人进行岗位人员分工,并完成人员分工明细表(见附录14)。

扫二维码,下载附录18。

扫二维码,下载附录13。

扫二维码,下载附录14。

附录18

附录13

附录14

9.2.2 制订会计师事务所工作制度

【实训目的】

根据会计师事务所的岗位职责制订相应的工作制度。

【任务类别】

现场任务。

【实训组织】

会计专业或者财务管理专业的指导教师1名。

学生可以按照4～6人进行分组。

【实训准备】

知识准备:了解会计师事务所工作制度制订的基本要求,同时结合实际情况。

物品准备:笔、纸张。

设备设施:跨专业综合实训软件平台。

【实训内容】

根据模拟环境的实际情况,制订出合理的工作制度。

9.2.3 初步业务活动与计划审计工作

【实训目的】

了解计划审计阶段主要工作内容,了解重要性水平理论及计算方法,掌握实务中重要性水平的确定方法。

【任务类别】

流程岗位作业。

【实训组织】

会计专业或者财务管理专业的指导教师1名。

会计师事务所小组人员和核心的生产企业小组。

【实训准备】

知识准备:了解会计师事务所签订审计业务约定书、计划审计工作开展的相关知识。

物品准备:审计业务约定书、初步业务活动工作底稿、计划审计工作底稿。

设备设施:跨专业综合实训软件平台。

【实训内容】

① 会计师事务所和生产企业签订一般企业审计业务约定书(见附录29),完成初步业务活动底稿(见附录30)。

② 根据合作的制造企业的具体情况,设置重要性水平,完成重要性确定表(见附录33),制订总体审计策略(见附录31)、具体审计计划(附录32)。

扫二维码,下载附录29。

扫二维码,下载附录30。
扫二维码,下载附录33。
扫二维码,下载附录31。
扫二维码,下载附录32。

附录29　　　附录30　　　附录33　　　附录31　　　附录32

9.2.4　了解被审计单位及其环境

【实训目的】

与被审计单位进行访谈,使学生了解被审计单位及其环境,掌握相关底稿的内容及编制方法。

【任务类别】

流程岗位作业。

【实训组织】

会计专业或者财务管理专业的指导教师1名。

会计师事务所小组人员和核心的生产企业小组。

【实训准备】

知识准备:了解被审计单位及其环境的五大要求相关知识。

物品准备:了解被审计单位业务审计底稿。

设备设施:跨专业综合实训软件平台。

【实训内容】

① 会计师事务所与被审计单位进行访谈,了解被审计单位概况、市场因素、客户、竞争对手等情况,索要相关审计资料。

② 编制了解被审计单位业务审计底稿(见附录34)。

扫二维码,下载附录34。

附录34

9.2.5　了解被审计单位内部控制

【实训目的】

了解并掌握被审计单位整体层面和业务流程层面内部控制的操作步骤,对被审计单位内部控制进行初步评价后,确定重要业务流程和重要交易类别,执行穿行测试。

【任务类别】

流程岗位作业。

【实训组织】

会计专业或者财务管理专业的指导教师1名。

会计师事务所小组人员和核心的生产企业小组。

【实训准备】

知识准备:了解会计师事务所填写内部控制底稿的相关知识。

物品准备:了解和评价被审计单位整体层面内部控制、重大交易流程汇总表、执行财务报表风险评估分析性程序、重大账户及认定和重大流程评估、收入和应收账款流程等审计底稿。

设备设施:跨专业综合实训软件平台。

【实训内容】

① 向被审计单位发送邮件索取相关资料,了解被审计单位整体层面的内部控制,填写了解和评价被审计单位整体层面内部控制(见附录35)审计底稿。

② 了解业务流程层面内部控制的内涵,掌握其操作步骤,对业务流程层面内部控制进行初步评价,完成重大交易流程汇总表(见附录36)、执行财务报表风险评估分析性程序(附录37)、重大账户及认定和重大流程评估(附录38)、收入和应收账款流程(附录39)等审计底稿,进一步完善总体审计策略方案。

扫二维码,下载附录35。

扫二维码,下载附录36。

扫二维码,下载附录37。

扫二维码,下载附录38。

扫二维码,下载附录39。

附录35　　　附录36　　　附录37　　　附录38　　　附录39

9.2.6　业务流程层面控制测试

【实训目的】

使学生了解被审计单位主要业务流程和控制活动,掌握控制测试底稿内容和编写方法。

【任务类别】

流程岗位作业。

【实训组织】

会计专业或者财务管理专业的指导教师1名。

会计师事务所小组人员和核心的生产企业小组。

【实训准备】

知识准备:了解会计师事务所填写业务循环审计底稿的相关知识。

物品准备:销售与收款循环审计底稿。

设备设施:跨专业综合实训软件平台。

【实训内容】

通过询问、观察和检查,了解掌握控制测试底稿内容和编写方法,完成销售与收款循环审计底稿(见附录40)。

扫二维码,下载附录40。

附录40

9.2.7 执行实质性程序

【实训目的】

了解实质性程序的含义和要求,掌握细节测试的方向及实质性分析程序的含义和要求,掌握常用业务循环中具体会计账目实质性程序的底稿编制方法。

【任务类别】

流程岗位作业。

【实训组织】

会计专业或者财务管理专业的指导教师1名。

会计师事务所小组人员和核心的生产企业小组。

【实训准备】

知识准备:了解会计师事务所填写各类会计科目的审计底稿的相关知识。

物品准备:销售与收款循环实质性程序审计底稿。

设备设施:跨专业综合实训软件平台。

【实训内容】

完成销售与收款循环实质性程序中营业收入及成本参考表格(见附录41)和应收账款参考表格(见附录42)的审计底稿。

扫二维码,下载附录41。

扫二维码,下载附录42。

附录41   附录42

9.2.8 完成审计工作并出具审计报告

【实训目的】

了解审计完成阶段的内涵及复核审计工作包含的内容,了解审计报告的含义及内容,掌握审计报告的编制方法,掌握审计底稿的整理与归档。

【任务类别】

流程岗位作业。

【实训组织】

会计专业或者财务管理专业的指导教师 1 名。

会计师事务所小组人员和核心的生产企业小组。

【实训准备】

知识准备:了解会计师事务所复核审计、编制审计报告、审计底稿归档的相关知识。

物品准备:复核审计工作底稿、审计报告。

设备设施:跨专业综合实训软件平台。

【实训内容】

① 了解审计完成阶段的内涵、工作内容,评价审计过程中识别出的错报,编制审计差异汇总表(见附录 43)、试算平衡表(见附录 44)。

② 设计和实施分析程序,对财务报表形成总体结论,编制分析程序工作底稿(见附录 45)、执行财务报表程序(见附录 46)。

③ 与管理层、治理层召开总结会进行沟通,形成管理建议书要点(见附录 47)。

④ 评价审计结果,形成审计意见,编制审计工作总结(见附录 48),项目相关责任人签署业务复核核对表及声明(见附录 49),最后编制审计报告(见附录 50)。

扫二维码,下载附录 43。

扫二维码,下载附录 44。

扫二维码,下载附录 45。

扫二维码,下载附录 46。

扫二维码,下载附录 47。

扫二维码,下载附录 48。

扫二维码,下载附录 49。

扫二维码,下载附录 50。

附录 43　　附录 44　　附录 45　　附录 46

附录 47　　附录 48　　附录 49　　附录 50

第 10 章 招投标中心

学习目标

1. 了解招投标中心的工作内容和职责；
2. 掌握招投标的类型；
3. 掌握招标采购方式；
4. 掌握招投标基本程序。

重点、难点

招投标的类型、招标采购方式、招投标基本程序。

10.1 业务概述

10.1.1 招投标中心工作职责

招投标，是在市场经济条件下进行大宗货物的买卖、工程建设项目的开发与承包，以及服务项目的采购与提供时，所采取的一种交易方式。招投标中心的主要工作职责如下。

① 按照招投标有关规定，负责组织各种形式的招投标活动，并负责审查招投标文件，收集潜在招投标人的信息。

② 在相关部门的配合下,负责编制招标程序文件及招投标书工作。
③ 负责到有关部门办理招投标登记手续,发布招投标通告。
④ 受理投标单位的报名工作,负责对拟投标单位进行资质审查,按照相关办法和程序确定邀标单位。
⑤ 参与商务谈判,负责会议记录、形成会议纪要,并负责内部归档。
⑥ 负责全部招投标资料和过程文件的整理、归档及招标信息的统计、公示。
⑦ 参与部门工作计划、总结、请示、报告和综合性规章制度等文稿的起草工作。
⑧ 完成领导交办的其他工作。
⑨ 招投标中心在仿真实训环境中的主要功能是为生产企业提供招投标管理服务。

10.1.2 招投标基本概念

1. 招标

招标是指招标人事先提出货物、工程或服务的条件和要求,以发布招标公告,邀请不特定的法人或其他组织投标,并按照规定程序从中选择交易对象的一种市场交易行为。

2. 投标

投标是指投标人应招标人的邀请,根据招标公告或投标邀请书所规定的条件,在规定的期限内,向招标人递盘的行为。

3. 招标人

招标人是招标单位或委托招标单位的别称,指招标单位或委托招标单位的法人代表,是企业经济法人而非自然人。在我国,规定招标活动是法人之间的经济活动。

4. 投标人

投标人指在招标投标活动中以中标为目的响应招标、参与竞争的法人或其他组织。一些特殊招标项目如科研项目也允许个人参加投标。

5. 中标人

招标人根据评标委员会提出的书面评标报告和推荐的中标候选人名单中确定中标人,向经评选的投标人发出中标通知书,并在规定的时间内与之签订书面合同。

6. 招标代理机构

招标代理机构是指依法设立、受招标人委托代为组织招标活动并提供相关服务的社会中介组织。招标代理机构应当有从事招标代理业务的营业场所和相应资金,同时有能够编制招标文件和组织评标的相应专业力量。

10.1.3 招投标的类型

1. 货物招标投标

货物招标投标是指对各种各样的物品,包括原材料、产品、设备、电能和固态、液态、气态物体等,以及相关附带服务的招标投标过程。它是以合同方式有偿取得货物的行为。

2. 工程招标投标

工程招标投标是指对工业、水利、交通、民航、铁路、信息产业、房屋建筑和市政基础设施等各类工程建设项目,包括各类土木工程建造、设备建造安装、管道线路制造、装饰装修等,以及相关附带服务的招标投标过程。它是以合同方式有偿取得工程的行为。

3. 服务招标投标

服务招标投标是指对货物和工程以外的任何采购对象(如咨询评估、物业管理、金融保险、医疗、劳务、广告等)的招标投标过程。它是以合同方式有偿取得服务的行为。

10.1.4 招标采购方式

1. 公开招标

公开招标是政府采购的主要方式,是指采购人按照法定程序,通过发布招标公告,邀请所有潜在的不特定的供应商参加投标,采购人通过某种事先确定的标准,从所有投标供应商中择优评选出中标供应商,并与之签订政府采购合同的一种采购方式。

依法必须公开招标项目主要有三类:

① 国家重点项目和省、自治区、直辖市人民政府确定的地方重点项目(《招标投标法》第十一条);

② 国有资金占控股或者主导地位的依法必须进行招标的项目(《招标投标法实施条例》第八条);

③ 其他法律法规规定必须进行公开招标的项目。

2. 邀请招标

邀请招标,也称选择性招标,是由采购人根据供应商或承包商的资信和业绩,选择一定数目的法人或其他组织(不能少于3家),向其发出投标邀请书,邀请他们参加投标竞争,从中选定中标供应商的一种采购方式。

在下列情形之一的,经批准可以进行邀请招标:

① 涉及国家安全、国家秘密或者抢险救灾,适宜招标但不宜公开招标的;

② 项目技术复杂或有特殊要求,或者受自然地域环境限制,只有少量潜在投标人可供选择的;

③ 采用公开招标方式的费用占项目合同金额的比例过大的。

3. 竞争性谈判

竞争性谈判是采购人或代理机构通过与多家供应商(不少 3 家)进行谈判,最后从中确定中标供应商的一种采购方式。

符合以下条件之一的可采用竞争性谈判:

① 依法制定的集中采购目录以内,且未达到公开招标数额标准的货物、服务;

② 依法制定的集中采购目录以外、采购限额标准以上,且未达到公开招标数额标准的货物、服务;

③ 达到公开招标数额标准、经批准采用非公开招标方式的货物、服务;

④ 按照《招标投标法》及其实施条例必须进行招标的工程建设项目以外的政府采购工程。

4. 竞争性磋商

竞争性磋商是指采购人、政府采购代理机构通过组建竞争性磋商小组与符合条件的供应商就采购货物、工程和服务事宜进行磋商,供应商按照磋商文件的要求提交相应文件和报价,采购人从磋商小组评审后提出的候选供应商名单中确定成交供应商的采购方式。

符合下列情形的项目,可以采用竞争性磋商方式开展采购:

① 政府购买服务项目;

② 技术复杂或者性质特殊,不能确定详细规格或者具体要求的;

③ 因艺术品采购、专利、专有技术或者服务的时间、数量事先不能确定等原因不能事先计算出价格总额的;

④ 市场竞争不充分的科研项目,以及需要扶持的科技成果转化项目;

⑤ 按照《招标投标法》及其实施条例必须进行招标的工程建设项目以外的工程建设项目。

5. 询价采购

询价采购是指采购人向有关供应商发出询价单让其报价,在报价基础上进行比较并确定最优供应商的一种采购方式。

同时符合下列三个条件的项目,可以采用询价采购方式:

① 技术规格统一的货物;

② 货源充足;

③ 价格变化幅度小。

6. 单一来源采购

单一来源采购也称直接采购,是指采购人向唯一供应商进行采购的方式。这种采购方式适用于达到了限购标准和公开招标数额标准,但所购商品的来源渠道单一,或属专利、首次制造、合同追加、原有采购项目的后续扩充和发生了不可预见的紧急情况不能从其他供应商处采购等情况。该采购方式最主要的特点是没有竞争性。

单一来源采购方式适用条件如下:

① 只能从唯一供应商处采购的;

② 发生了不可预见的紧急情况不能从其他供应商处采购的;

③ 必须保证原有采购项目一致性或者服务配套的要求,需要继续从原供应商处添购,且添购资金总额不超过原合同采购金额百分之十的。

10.1.5 招投标基本程序

1. 招标

① 制订招标方案。招标方案是指招标人通过分析和掌握招标项目的技术、经济、管理的特征,以及招标项目的功能、规模、质量、价格、进度、服务等需求目标,依据有关法律法规、技术标准,结合市场竞争状况,针对一次招标组织实施工作的总体策划。招标方案涉及合理确定招标组织形式、依法确定项目招标内容范围和选择招标方式等,是科学、规范、有效地组织实施招标采购工作的必要基础和主要依据。

② 组织资格预审(招投标资格审查)。资格预审是招标人根据招标方案,编制发布资格预审公告,向不特定的潜在投标人发出资格预审文件,潜在投标人据此编制提交资格预审申请文件,招标人或者由其依法组建的资格审查委员会按照资格预审文件确定的资格审查方法、资格审查因素和标准,对申请人资格能力进行评审,确定通过资格预审的申请人。未通过资格预审的申请人,不具有投标资格。

③ 编制发售招标文件。招标人应结合招标项目需求的技术经济特点和招标方案确定要素、市场竞争状况,根据有关法律法规、标准文本编制招标文件。依法必须进行招标项目的招标文件,应当使用国家发展改革部门会同有关行政监督部门制定的标准文本。招标文件应按照投标邀请书或招标公告规定的时间、地点发售。

2. 投标

① 投标预备会。投标预备会是招标人为了澄清、解答潜在投标人在阅读招标文件或现场踏勘后提出的疑问,按照招标文件规定时间组织的投标答疑会。所有的澄清、解答均应当以书面方式发给所有获取招标文件的潜在投标人。招标文件的书面澄清、解答属于招标文件的组成部分。招标人也可以利用投标预备会对招标文件中有关重点、难点等内容主动作出说明。

② 编制提交投标文件。潜在投标人在阅读招标文件中产生疑问和异议的,可以按照招标文件规定的时间以书面提出澄清要求,招标人应当及时书面答复澄清。潜在投标人或其他利害人如果对招标文件的内容有异议,应当在投标截止时间 10 天前向招标人提出。

3. 开标

招标人一般应当在开标前依法组建评标委员会。依法必须进行招标的项目,评标委员会由招标人代表和不少于成员总数 2/3 的技术经济专家,且 5 人以上成员单数组成。依法必须进行招标项目的评标专家从依法组建的评标专家库内相关专业的专家名单中以随机抽取方式确定;技术复杂、专业性强或者国家有特殊要求,采取随机抽取方式确定的专家难以保证胜任评标工作的招标项目,可以由招标人直接确定。

4. 中标

① 中标候选人公示。依法必须进行招标项目的招标人应当自收到评标报告之日起 3 日内在指定的招标公告发布媒体公示中标候选人,公示期不得少于 3 日。中标候选人不止 1 个的,应将所有中标候选人一并公示。投标人或者其他利害关系人对依法必须进行招标项目的评标结果有异议的,应当在中标候选人公示期间提出。招标人应当自收到异议之日起 3 日内作出答复;作出答复前,应当暂停招标投标活动。

② 履约能力审查。中标候选人的经营、财务状况发生较大变化或者存在违法行为,招标人认为可能影响其履约能力的,应当在发出中标通知书前由原评标委员会按照招标文件规定的标准和方法审查确认。

③ 确定中标人。招标人按照评标委员会提交的评标报告和推荐的中标候选人以及公示结果,根据法律法规和招标文件规定的定标原则确定中标人。

④ 发出中标通知书。招标人确定中标人后,向中标人发出中标通知书,同时将中标结果通知所有未中标的投标人。

⑤ 提交招标投标情况书面报告。依法必须招标的项目,招标人在确定中标人的 15 日内应该将项目招标投标情况书面报告提交招标投标有关行政监督部门。

5. 签订合同

招标人和中标人应当自中标通知书发出之日起 30 日内,按照中标通知书、招标文件和中标人的投标文件签订合同。签订合同时,中标人应按招标文件要求向招标人提交履约保证金,并依法进行合同备案。

公开招标基本程序如图 10-1 所示。

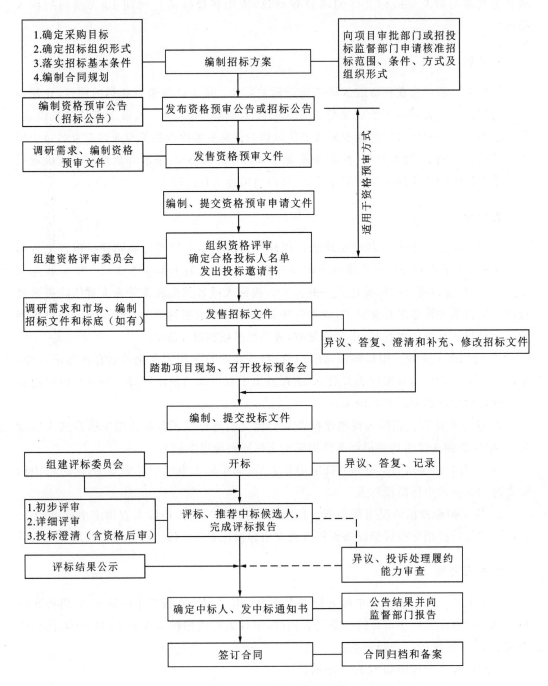

图 10-1 公开招标基本程序

10.2 实训任务

10.2.1 模拟招投标中心团队构建与组织结构设计

【实训目的】

通过模拟,在巩固理论知识的同时提高学生的组织机构实际操作能力,使学生了解进行招标委托时的企业相关组织人员结构;通过现场组织的模拟形式,培养学生科学严谨、求真务实的工作作风。

【任务类别】

现场任务。

【实训组织】

工商或相关专业的指导教师1名。

模拟招投标中心由3~5名学生组成,岗位包括总经理、招标专员、招标工程师。

【实训准备】

知识准备:政府类招投标申请流程与参与人员。

物品准备:笔、纸张。

设备设施:跨专业综合实训软件平台。

【实训内容】

① 根据跨专业综合实训软件平台涉及的招投标业务,完成招投标中心组织结构图,见附录18。

② 根据业务清单进行岗位分工,并完成岗位职责说明书(见附录13)。

③ 招投标中心负责人进行岗位人员分工,并完成人员分工明细表(见附录14)。

扫二维码,下载附录18。

扫二维码,下载附录13。

扫二维码,下载附录14。

附录18

附录13

附录14

10.2.2 制订招投标中心工作制度

【实训目的】

根据招投标中心的岗位职责制订相应的工作制度。

【任务类别】

现场任务。

【实训组织】

工商或相关专业教师1名。

学生可以按照3～5人进行分组。

【实训准备】

知识准备:了解招投标中心各个岗位的基本要求,同时结合实际情况。

物品准备:笔、纸张。

设备设施:跨专业综合实训软件平台。

【实训内容】

根据模拟环境的实际情况,制订出合理的工作制度。

10.2.3 编制招标文件

【实训目的】

通过对招标委托内容的分析研究,总结对外出售的招标文件信息,了解招标文件的组成部分及内容重点,培养学生理论与实践相结合的能力,同时提高学生的业务处理能力及文档制作能力。

【任务类别】

流程作业。

【实训组织】

招标文件制作员1～2名。

【实训准备】

知识准备:《招标投标法》及招投标相关知识。

物品准备:笔、纸张。

设备设施:跨专业综合实训软件平台。

【实训内容】

① 招投标中心根据委托方的招标委托书(见附录51),以及其他各方面的要求,编写招标文件(见附录52)。

② 编写招标文件时需要有委托方人员的参加,编写过程中了解其各方面的注意事项,掌握招标文件的主要部分和内容重点。

扫二维码,下载附录51。

扫二维码,下载附录52。

附录51

附录52

10.2.4 发售资格预审文件

【实训目的】

通过发售资格预审文件,在投标前对获取资格预审文件并提交资格预审申请文件的潜在投标人进行资格审查。

【任务类别】

流程作业。

【实训组织】

资格预审员1～2名。

【实训准备】

知识准备:《招标投标法》及招投标相关知识。

物品准备:笔、纸张。

设备设施:跨专业综合实训软件平台。

【实训内容】

招投标中心根据委托方的招标书以及其他各方面的要求,对潜在投标人进行资格审查。

10.2.5 组建资格评审委员会

【实训目的】

对组织资格评审委员会进行现场模拟,组织资格评审,确定合格投标人名单,发出投标邀请书。

【任务类别】

现场任务。

【实训组织】

评标委员会抽取人员1名,联系人员1名。

【实训准备】

知识准备:《招标投标法》及相关招投标知识。

物品准备:笔、纸张。

物品准备:专家库名单1份,专家抽取编号1份,资格评审委员会成员表1份。

【实训内容】

① 根据招标项目的特点,招投标中心组织资格评审委员会,确定评标人员的资质和技术各方面要求,根据组织评标委员会的人员个数限制和资质要求,确定资格评审委员会专家人员和具体个数,填写评标委员会名单(见附录54)。

附录54

② 资格评审委员会对资格预审申请人或投标人的经营资格、专业资质、财务状况、技术能力、管理能力、业绩、信誉等方面进行评估审查,以判定其是否具有参与项目投标和履行合同的资格及能力。

扫二维码,下载附录54。

10.2.6 发售招标文件

【实训目的】

通过对出售招标文件的模拟,了解招标文件的作用对象与售价,掌握招标文件对于投标者的用途及出售招标文件的业务处理。

【任务类别】

流程岗位作业。

【实训组织】

公告制作人员1名,审核人员1名,财务人员1名。

【实训准备】

知识准备:公告制作、《招标投标法》及招投标相关知识。

物品准备:招标文件、购标书企业登记表、发票、章。

设备设施:跨专业综合实训软件平台。

【实训内容】

① 招投标中心向外界发布招标公告(见附录53),向外界出售招标文件。招标公告中需要列出招标产品的名称、数量,以及对投标方的资质和进行评标的方法、标准等。

② 投标公司购买招标文件时需要填写购标书企业登记表并准备各种发票和章,需要填写投标保证金缴纳情况登记表(见附录55)、投标企业登记表(附录56)。

扫二维码,下载附录53。

扫二维码,下载附录55。

扫二维码,下载附录56。

附录53　　　　附录55　　　　附录56

10.2.7 开标、评标和中标

【实训目的】

通过对开标、评标和中标过程的模拟,了解开标的作用,掌握评标要点与重点以及定标要素,熟悉中标通知与中标公告的制作与要点,提高理论与实践相结合的能力,培养科学严谨、求真务实的工作作风。

【任务类别】

流程岗位作业+现场任务。

【实训组织】

唱标员1名,记录员1名,监督员1名,评标委员会人员,投标企业代表。

【实训准备】

知识准备:《招标投标法》及招投标相关知识。

物品准备:投标文件、记录用纸与笔、投标企业登记表。

设备设施:跨专业综合实训软件平台。

【实训内容】

① 登记开标时到场的投标公司,确认公司信息,开封投标文件。

② 评标委员会根据招标文件对各个投标公司进行评标,根据标书中的各得分项,填写开标记录表(见附录57),填写评标报告(见附录58)。

③ 根据最后的评标结果,确定最后的中标公司,填写定标报告(见附录59)。

扫二维码,下载附录57。

扫二维码,下载附录58。

扫二维码,下载附录59。

附录57

附录58

附录59

10.2.8 组织中标人与采购单位签约

【实训目的】

通过对组织中标人与采购单位签约,向招投标中心支付服务费过程的模拟,了解双方签约在招投标中的作用与意义,了解招投标服务费的比例,掌握签约过程的组织过程。

【任务类别】

流程岗位作业+现场任务。

【实训组织】

招投标联系人1名,采购单位人员1~3名,中标企业人员1~3名。

【实训准备】

知识准备:《招标投标法》及招投标相关知识。

物品准备:合同、笔、支票、发票、双方合同章。

设备设施:跨专业综合实训软件平台。

【实训内容】

① 给所有的投标公司发布中标公告(见附录60)。

② 给中标公司发布中标通知(见附录61),通知其已经中标,并且告知签订合同书,见(附录62)。

③ 中标公司和招标方签订了合同后,中标公司向招投标中心缴纳服务费,并向招投标公司索要中标服务费发票(见附录63)。

扫二维码,下载附录60。

扫二维码,下载附录61。

扫二维码,下载附录62。

扫二维码,下载附录63。

附录60　　　　附录61　　　　附录62　　　　附录63

第 11 章 市场监督管理局

学习目标

1. 了解市场监督管理局的工作职责和工作内容;
2. 掌握企业设立登记的流程;
3. 掌握企业商标注册的流程;
4. 掌握企业监督投诉的工作内容和流程;
5. 掌握企业变更和注销登记的流程。

重点、难点

企业设立登记的流程、企业商标注册的流程、企业变更和注销登记的流程。

11.1 业务概述

11.1.1 市场监督管理局工作职责

市场监督管理局是政府主管市场监管和行政执法的工作部门,其主要职责如下。

① 负责市场监督管理和行政执法的有关工作,起草有关法律法规草案,制定工商行政管理规章和政策。

② 负责各类企业、农民专业合作社和从事经营活动的单位、个人以及外国(地区)企业常驻代表机构等市场主体的登记注册和监督管理,承担依法查处取缔无照经营的责任。

③ 承担依法规范和维护各类市场经营秩序的责任,负责监督管理市场交易行为和网络商品交易及有关服务的行为。

④ 承担监督管理流通领域商品质量责任,组织开展有关服务领域消费维权工作,按分工查处假冒伪劣等违法行为,指导消费者咨询、申诉、举报受理、处理和网络体系建设等工作,保护经营者、消费者的合法权益。

⑤ 承担查处违法直销和传销案件的责任,依法监督管理直销企业和直销员及其直销活动。

⑥ 负责垄断协议、滥用市场支配地位、滥用行政权力排除限制竞争方面的反垄断执法工作(价格垄断行为除外)。依法查处不正当竞争、商业贿赂、走私贩私等经济违法行为。

⑦ 负责依法监督管理经纪人、经纪机构及经纪活动。

⑧ 依法实施合同行政监督管理,负责管理动产抵押物登记,组织监督管理拍卖行为,负责依法查处合同欺诈等违法行为。

⑨ 指导广告业发展,负责广告活动的监督管理工作。

⑩ 负责商标注册和管理工作,依法保护商标专用权和查处商标侵权行为,处理商标争议事宜,加强驰名商标的认定和保护工作。负责特殊标志、官方标志的登记、备案和保护。

⑪ 组织指导企业、个体工商户、商品交易市场信用分类管理,研究分析并依法发布市场主体登记注册基础信息、商标注册信息等,为政府决策和社会公众提供信息服务。

⑫ 负责个体工商户、私营企业经营行为的服务和监督管理。

⑬ 开展工商行政管理方面的国际合作与交流。

⑭ 领导全国工商行政管理业务工作。

⑮ 承办国务院交办的其他事项。

11.1.2　企业设立登记

企业设立登记是股份有限公司向政府主管机关办理注册登记宣告成立的过程。设立登记是企业从事经营活动的前提,非经设立登记,并领取营业执照,不得从事商业活动。设立登记后,企业正式宣告成立,合法并依法行使和承担法律赋予企业的各种权利和义务,企业的正常生产和经营受到法律的保护和支持。

该流程分为企业名称预先核准和企业设立登记两个步骤。

1. 企业名称预先核准

本业务主要是对公司申请的名字进行核准对比操作,如果已经存在此名称,则需要重新对名字进行设定。

公司办理企业名称预先核准需要向市场监督管理局提交的材料如下。

① 企业名称预先核准申请书。

② 指定代表或委托代理机构与委托代理人的身份证明和企业法人资格证明及受托资格证明。

③ 代表或受托代理机构与受托代理人的身份证明和企业法人资格证明及受托资格证明。

④ 全体投资人的法人资格证明或身份证明。

企业名称预先核准的流程图如图11-1所示。

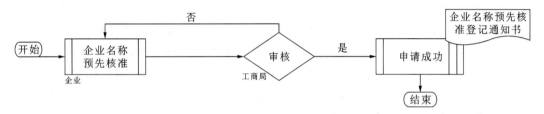

图11-1 企业名称预先核准流程图

2. 企业设立登记

企业名称预先核准审核通过之后，企业就可以填写企业设立登记申请书，并提交工商管理行政局进行审核。审核通过后，企业正式成立。

提出申请时，有限责任公司应提交下列文件。

① 公司董事长签署的设立登记申请书。

② 全体股东指定代表或者共同委托代理人的证明。

③ 公司章程。

④ 具有法定资格的验资机构出具的验资证明。

⑤ 股东的法人资格证明或者自然人身份证明。

股份有限公司应提交下列文件。

① 公司董事长签署的设立登记申请书。

② 国务院授权部门或者省、自治区、直辖市人民政府的批准文件，募集设立的股份有限公司还应提交国务院证券管理部门的批准文件。

③ 创立大会的会议记录。

④ 公司章程。

⑤ 筹办公司的财务审计报告；具有法定资格的验资机构出具的验资证明；发起人的法人资格证明或者自然人身份证明；载明公司董事、监事、经理姓名、住所的文件以及有关委派、选举或者聘用的证明；公司法定代表人任职文件和身份证明；企业名称预先核准通知书；公司住所证明等。

企业设立登记的流程图如图11-2所示。

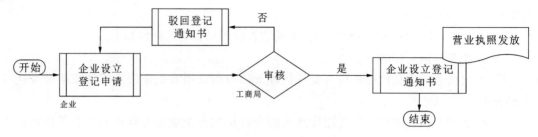

图 11-2　企业设立登记流程图

11.1.3　商标注册

商标注册是商标使用人取得商标专用权的前提和条件,只有经核准注册的商标,才受法律保护。商标注册原则是确定商标专用权的基本准则,不同的注册原则的选择,是各国立法者在这一个问题中对法律的确定性和法律的公正性二者关系进行权衡的结果。商标注册申请是商标使用的基础,在商标注册申请过程中,灵活地运用商标注册策略,对保护商标及商标权、开拓国内外市场有着非常重要的作用。

1. 商标注册的作用

① 便于消费者认牌购物。
② 商标注册人拥有商标专用权,受法律保护。
③ 通过商标注册,可以创立品牌,抢先占领市场。
④ 商标是一种无形资产,可对其价值进行评估。
⑤ 商标可以通过转让,许可给他人使用,或质押来转换实现其价值。
⑥ 商标还是办理质检、卫检、条形码等的必备条件。
⑦ 地方各级市场监督管理局通过对商标的管理来监督商品和服务的质量。

2. 商标注册需提交的材料

① 如果是以自然人名义提出申请,需出示身份证及其复印件;如果是以企业名义提出申请,需出示企业营业执照副本,提供经发证机关签章的营业执照复印件、盖有单位公章及有个人签字的填写完整的商标注册申请书。
② 商标图样10张(指定颜色的彩色商标,应交着色图样10张,黑白墨稿1张)。

3. 商标注册的流程

企业代理人携带商标申请、企业法人营业执照、身份证复印件、申请人签字或盖章的委托书到市场监督管理局进行商标申请,如果审核通过,则市场监督管理局发放受理通知书给企业。随后,企业需要再次提交商标的10寸黑白图样给市场监督管理局。如果再次审核通过,则企业会收到初步审定公告。如果其中有一个审核不通过,则企业需要重新申请。商标注册流程如图11-3所示。

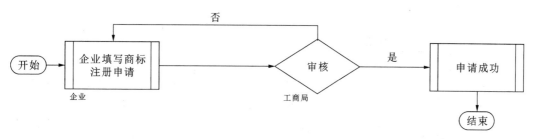

图 11-3 商标注册流程

11.1.4 监督投诉

公民、法人或者其他组织认为市场监督管理机关工作人员在履行职责中违反工作纪律的,可以向市市场监督管理局监察处或市市场监督管理局所属分局监察科来电、来访或来信投诉。

举报是指公民或者单位向司法机关或者其他有关国家机关和组织检举、控告违纪、违法、犯罪,依法行使其民主权利的行为。

申诉是指公民或者企业事业等单位,认为对某一问题的处理结果不正确,而向国家的有关机关申述理由,请求重新处理的行为。这里的申诉指的是非诉讼上的申诉,是指公民或者企业事业等单位,因本身的合法权益问题不服行政部门的处理、处罚或纪律处分,而向该部门或其上级机关提出要求重新处理,予以纠正的行为。

工商罚款指的是市场监督管理部门对企业单位的违法行为进行罚款处理。

企业举报流程如图 11-4 所示。

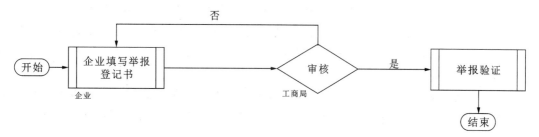

图 11-4 企业举报的流程

企业投诉流程如图 11-5 所示。

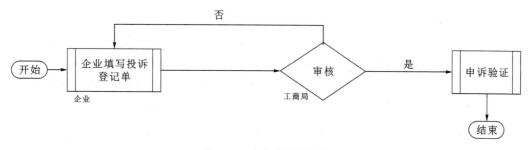

图 11-5 企业投诉的流程

11.1.5 企业变更

企业变更是指企业成立后,企业组织形式、企业登记事项的变化。引起企业变更的原因有以下三种:企业合并、企业分立和公司组织变更。企业变更包括以下几个方面。

1. 企业名称变更

企业变更名称的,应当自变更决议或者决定做出之日起 30 日内申请变更登记。

2. 企业住所变更

企业变更住所的,应当在迁入新住所前申请变更登记,并提交新住所使用证明。

3. 企业法人变更登记

企业变更法定代表人的,应当自变更决议或者决定做出之日起 30 日内申请变更登记。

4. 企业注册资本变更登记

企业变更注册资本的,应当提交依法设立的验资机构出具的验资证明。企业增加注册资本的,有限责任公司股东认缴新增资本的出资和股份有限公司的股东认购新股,应当分别依照公司法设立有限责任公司缴纳出资和设立股份有限公司缴纳股款的有关规定执行。股份有限公司以公开发行新股方式或者上市公司以非公开发行新股方式增加注册资本的,还应当提交国务院证券监督管理机构的核准文件。企业法定公积金转增为注册资本的,验资证明应当载明留存的该项公积金不少于转增前企业注册资本的 25%。企业减少注册资本的,应当自公告之日起 45 日后申请变更登记,并应当提交企业在报纸上登载企业减少注册资本公告的有关证明和企业债务清偿或者债务担保情况的说明。

企业变更实收资本的,应当提交依法设立的验资机构出具的验资证明,并应当按照公司章程载明的出资时间、出资方式缴纳出资。企业应当自足额缴纳出资或者股款之日起 30 日内申请变更登记。

5. 公司经营范围变更登记

公司变更经营范围的,应当自变更决议或者决定做出之日起 30 日内申请变更登记;变更经营范围涉及法律、行政法规或者国务院决定规定在登记前须经批准的项目的,应当自国家有关部门批准之日起 30 日内申请变更登记。

企业的经营范围中属于法律、行政法规或者国务院决定规定须经批准的项目被吊销、撤销许可证或者其他批准文件,或者许可证、其他批准文件有效期届满的,应当自吊销、撤销许可证、其他批准文件或者许可证、其他批准文件有效期届满之日起 30 日内申请变更登记。

6. 企业类型变更登记

企业变更类型的,应当按照拟变更的公司类型的设立条件,在规定的期限内向企业登记机关申请变更登记,并提交有关文件。

7. 股东和股权变更登记

有限责任公司股东转让股权的,应当自转让股权之日起 30 日内申请变更登记,并应当提交新股东的主体资格证明或者自然人身份证明。有限责任公司的自然人股东死亡后,其合法继承人继承股东资格的,企业应当依照前款规定申请变更登记。

有限责任公司的股东或者股份有限公司的发起人改变姓名或者名称的,应当自改变姓名或者名称之日起 30 日内申请变更登记。

8. 企业合并、分立变更登记

因合并、分立而存续的企业,其登记事项发生变化的,应当申请变更登记;因合并、分立而解散的公司,应当申请注销登记;因合并、分立而新设立的企业,应当申请设立登记。公司合并、分立的,应当自公告之日起 45 日后申请登记,提交合并协议和合并、分立决议或者决定以及公司在报纸上登载公司合并、分立公告的有关证明和债务。

企业变更由企业携带企业变更登记申请书、股东决议、指定代表或者共同委托代理人的证明、公司章程修正案等资料到市场监督管理局进行申请,如果审核通过,则市场监督管理局会发放受理通知单给企业。随后,企业需要再次提交营业执照正副本给市场监督管理局,如果正式通过,则市场监督管理局会重新发放新的营业执照给企业。如果审核不通过,则企业需要重新申请。

企业变更的业务流程如图 11-6 所示。

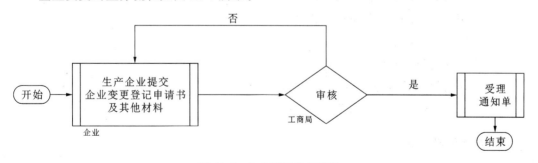

图 11-6　企业变更业务流程

11.1.6　企业注销登记

企业注销登记是指登记机关依法对解散、被撤销、宣告破产、责令关闭或者其他原因终止营业的企业,收缴营业执照,撤销其注册号,取消其企业法人资格或经营权的行政执法行为。

1. 企业注销登记的原因

公司因下列原因之一的,公司清算组织应当自公司清算结束之日起30日内向公司登记机关申请注销登记。

① 公司被依法宣告破产。

② 公司章程规定的营业期限届满或者公司章程规定的其他解散事由出现时。

③ 股东会决议解散。

④ 公司因合并分立解散。

⑤ 公司被依法责令关闭。

公司申请注销登记,应由公司指定或者委托公司员工或者具有资格的代理机构的代理人作为申请人办理注销登记。

经登记主管机关核准后,收缴企业法人营业执照及副本,收缴公章,撤销其注册号。企业法人领取企业法人营业执照后,满6个月尚未开展经营活动或者停止经营活动一年的,视同歇业。登记主管机关收缴企业法人营业执照及副本;收缴公章,撤销注册号,企业法人就失去法人资格。

2. 企业注销登记需提交的材料

① 公司清算组负责人签署的公司注销登记申请书(公司加盖公章);

② 公司签署的指定代表或者共同委托代理人的证明(公司加盖公章)及指定代表或委托代理人的身份证复印件(本人签字);

③ 清算组成员备案确认通知书;

④ 依照《公司法》作出的决议或者决定;

⑤ 经确认的清算报告;

⑥ 刊登注销公告的报纸报样;

⑦ 法律、行政法规规定应当提交的其他文件;

⑧ 公司的企业法人营业执照正、副本。

3. 企业注销登记流程

企业携带企业注销登记申请书、法院破产裁定、公司决议或者决定、政府机关责令关闭的文件、清算报告、营业报告等材料向市场监督管理局进行审核注销,如果审核通过,则填写企业注销登记审核意见表;如果审核不通过,则填写驳回登记通知单。

企业注销登记的流程如图11-7所示。

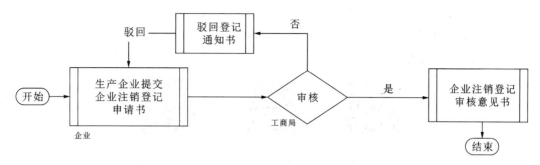

图 11-7　企业注销业务流程

11.2 实训任务

11.2.1　市场监督管理部门团队构建与组织结构设计

【实训目的】

了解市场监督管理局的业务情况和工作流程，掌握市场监督管理局的工作职责，根据仿真环境设计出合理的组织结构图（见附录 18）。

【任务类别】

现场任务。

【实训组织】

工商管理专业或者相关专业的指导教师 1 名。

学生可以按照 4~6 人进行分组。

【实训准备】

知识准备：掌握市场监督管理部门的情况，同时对组织结构设计知识有一定的了解。

物品准备：笔、纸张。

设备设施：跨专业综合实训软件平台。

【实训内容】

① 根据跨专业综合实训软件平台涉及的市场监督管理局的业务，完成市场监督管理局组织结构图（见附录 18）。

② 根据业务清单进行岗位分工，并完成岗位职责说明书（见附录 13）。

③ 市场监督管理局负责人进行岗位人员分工，并完成人员分工明细表（见附录 14）。

扫二维码,下载附录18。
扫二维码,下载附录13。
扫二维码,下载附录14。

附录18

附录13

附录14

11.2.2 制订市场监督部门工作制度

【实训目的】
根据市场监督管理局的岗位职责制订相应的工作制度。

【任务类别】
现场任务。

【实训组织】
工商管理或相关专业教师1名。
学生可以按照4~6人进行分组。

【实训准备】
知识准备:了解各个企业工作制度制订的基本要求,同时结合实际情况。
物品准备:笔、纸张。
设备设施:跨专业综合实训软件平台。

【实训内容】
根据模拟环境的实际情况,制订出合理的市场监督管理局工作制度。

11.2.3 企业设立登记

【实训目的】
了解企业注册中企业名称预先核准的流程。

【任务类别】
流程岗位作业。

【实训组织】
工商管理或相关专业教师1名。
模拟市场监督管理局、模拟制造企业和模拟商贸企业。

【实训准备】
知识准备:了解市场监督管理局企业名称预先核准的相关知识,了解生产企业需要上交的资料清单。

物品准备:企业名称预先核准申请书、企业名称预先核准登记通知书、驳回通知书等。

设备设施:跨专业综合实训软件平台。

【实训内容】

① 市场监督管理部门首先对企业名称预先核准申请书进行名称核准。如果企业名称核准通过,则给模拟企业发放企业名称预先核准通知书(见附录64)。

② 如果企业名称核准通过,则审核其企业名称预先核准申请书、全体投资人的法人资格证明或身份证明,了解企业进行名称预先核准的注意事项,如果审核通过,则给模拟企业发放准予设立登记通知书(见附录66);如果审核不通过,则给模拟企业发放驳回通知书(见附录65),并要求企业重新填写。

扫二维码,下载附录64。

扫二维码,下载附录66。

扫二维码,下载附录65。

附录64

附录66

附录65

11.2.4 商标注册

【实训目的】

了解办理商标注册的流程。

【任务类别】

流程岗位作业。

【实训组织】

工商管理或相关专业教师1名。

模拟市场监督管理局、模拟制造企业和模拟商贸企业。

【实训准备】

知识准备:了解市场监督管理局企业商标注册的相关知识。

物品准备:商标注册申请书、受理通知书等。

设备设施:跨专业综合实训软件平台。

【实训内容】

模拟市场监督部管理局对模拟企业提交的商标注册申请书(见附录67)进行审核,如果审核通过给模拟企业发放受理通知书(见附录68);如果审核不通过,则给模拟企业发放登记驳回通知书。

扫二维码,下载附录67。

扫二维码,下载附录68。

附录 67　　　　　　附录 68

11.2.5　企业监督投诉以及工商罚款

【实训目的】

了解市场监督管理部门处理企业监督投诉的流程以及注意事项,市场监督管理部门进行罚款的流程。

【任务类别】

流程岗位作业。

【实训组织】

工商管理或相关专业教师1名。

模拟市场监督管理局、模拟制造企业和模拟商贸企业。

【实训准备】

知识准备:了解市场监督管理局企业监督投诉和工商罚款的相关知识。

物品准备:举报登记单、申诉登记单、罚款单。

设备设施:跨专业综合实训软件平台。

【实训内容】

① 模拟市场监督管理局审核举报登记单(见附录70)或申诉登记单(见附录71),并予以处理。

② 模拟市场监督管理局对生产企业的违法违规行为进行罚款处理,将罚款单(见附录72)发放给制造企业,其罚款将直接从模拟企业资金中立即扣除。

扫二维码,下载附录70。

扫二维码,下载附录71。

扫二维码,下载附录72。

附录 70　　　　附录 71　　　　附录 72

11.2.6　企业变更和注销管理

【实训目的】

了解市场监督管理局办理企业变更的流程,此次实训仅以企业名称变更为例。

【任务类别】

流程岗位作业。

【实训组织】

工商管理或相关专业教师1名。

模拟市场监督管理局、模拟制造企业和模拟商贸企业。

【实训准备】

知识准备：了解市场监督管理局企业变更的相关知识。

物品准备：企业变更（改制）登记（备案），住所（经营场所）登记表，法定代表人（分支机构负责人、个人独资企业投资人、执行事务合伙人）登记表等。

设备设施：跨专业综合实训软件平台。

【实训内容】

① 市场监督管理局对模拟企业提交的企业变更申请表（见附录73）进行审核处理，并将处理结果告知该企业。

② 市场监督管理局对模拟企业的企业注销登记申请书（见附录74）进行审核处理，并将处理结果告知该企业。

扫二维码，下载附录73。

扫二维码，下载附录74。

附录73

附录74

第 12 章 税务局

学习目标

1. 了解税务局的工作职责和工作内容；
2. 掌握税务登记的方法；
3. 掌握税务检查的工作内容和步骤；
4. 掌握增值税申报的流程；
5. 掌握企业所得税申报的流程。

重点、难点

税务登记、税务检查、增值税申报、企业所得税申报。

12.1 业务概述

12.1.1 税务局工作职责

① 拟定税收法律法规草案，制定实施细则；提出国家税收政策建议并与财政部共同审议上报、制定贯彻落实的措施。

② 参与研究宏观经济政策、中央与地方的税权划分，提出完善分税制的建议；研究税

赋总水平,提出运用税收手段进行宏观调控的建议;制定并监督执行税收业务的规章制度;指导地方税收征管业务。

③ 组织实施税收征收管理体制改革;制定征收管理制度;监督检查税收法律法规、方针政策的贯彻执行。

④ 组织实施中央税、共享税、农业税及国家指定的基金(费)的征收管理;编报税收长远规划和年度税收收入计划;对税收法律法规执行过程中的征管和一般性税政问题进行解释;组织办理工商税收减免及农业税特大灾款减免等具体事项。

⑤ 开展税收领域的国际交流与合作;参加涉外税收的国际谈判,草签和执行有关的协议、协定。

⑥ 办理进出口商品的税收及出口退税业务。

⑦ 管理国家税务局系统(以下简称国税系统)的人事、劳动工资、机构编制和经费;管理省级国家税务局的正副局长及相应级别的干部,对省级地方税务局局长任免提出意见。

⑧ 负责税务队伍的教育培训、思想政治工作和精神文明建设;管理直属院校。

⑨ 组织税收宣传和理论研究;组织实施注册税务师的管理;规范税务代理行为。

⑩ 承办国务院交办的其他事项。

⑪ 国家税务总局对全国国税系统实行垂直管理,协同省级人民政府对省级地方税务局实行双重领导。

12.1.2 税务登记

税务登记又称纳税登记,是税务机关对纳税人实施税收管理的首要环节和基础工作,是征纳双方法律关系成立的依据和证明,也是纳税人必须依法履行的义务。税务登记是指税务机关根据税法规定,对纳税人的生产经营活动进行登记管理的一项基本制度。它的意义在于:有利于税务机关了解纳税人的基本情况,掌握税源,加强征收与管理,防止漏管漏征,建立税务机关与纳税人之间正常的工作联系,强化税收政策和法规的宣传,增强纳税意识等。

纳税人持向税务机关提供的证件和资料,到属地的主管税务机关办税服务厅税务登记窗口申报办理税务登记。经审验符合规定的领取税务登记表(一式三份),填全表中项目并签章后,交原窗口办理。

办理税务登记需提供如下材料:营业执照副本或成立批文及其复印件;有关合同、章程、协议书及其复印件;开户行及账号证明及其复印件;法人代表(负责人)、业主居民身份证或其他合法证件及其复印件;验资报告及其复印件;经营场所证及其复印件;代码证书及其复印件。

税务登记的主要流程是,由生产企业填写税务登记表和纳税人税种登记表,同时生产企业准备好进行税务登记其他的文件、资料和证明,提交给税务部门进行审核;如果审核通过,则纳税人申请登记成功;如果审核不通过,则需要重新进行申请。

税务登记的流程如图 12-1 所示。

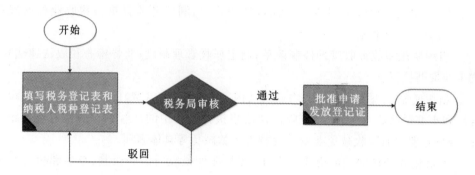

图 12-1　企业税务登记流程图

12.1.3　税务检查

税务检查制度是税务机关根据国家税法和财务会计制度的规定,对纳税人履行纳税义务的情况进行监督、审查的制度。税务检查是税收征收管理的重要内容,也是税务监督的重要组成部分。税务检查既有利于全面贯彻国家的税收政策,严肃税收法纪,加强纳税监督,查处偷税、漏税和逃骗税等违法行为,确保税收收入足额入库,也有利于帮助纳税人端正经营方向,促使其加强经济核算,提高经济效益。

1. 税务检查的主要内容

税务检查的内容主要包括以下几个方面。

① 检查纳税人执行国家税收政策和税收法规的情况。

② 检查纳税人遵守财经纪律和财会制度的情况。

③ 检查纳税人的生产经营管理和经济核算情况。

④ 检查纳税人遵守和执行税收征收管理制度的情况,查其有无不按纳税程序办事和违反征管制度的问题。

2. 税务检查的方法

① 税务查账。税务查账是对纳税人的会计凭证、账簿、会计报表以及银行存款账户等核算资料所反映的纳税情况所进行的检查。这是税务检查中最常用的方法。

② 实地调查。实地调查是对纳税人账外情况进行的现场调查。

③ 税务稽查。税务稽查是对纳税人的应税货物进行的检查。

3. 税务机关所进行的税务检查

① 检查纳税人的账簿、计账凭证、报表和有关资料;检查扣缴义务人代扣代缴与代收代缴税款账簿、计账凭证和有关资料。税务机关在检查上述纳税资料时,可以在纳税人、扣缴义务人的业务场所进行,必要时经县以上税务局(分局)局长批准,也可以将纳税人、

扣缴义务人以前年度的账簿、凭证、报表以及其他有关资料调出检查，但须向纳税人、扣缴义务人开付清单，并在 3 个月内完整归还。

② 到纳税人的生产、经营场所和货物存放地检查纳税人应纳税的商品、货物或其他财产；检查扣缴义务人与代扣代缴、代收代缴税款有关的经营情况。

③ 责成纳税人、扣缴义务人提供与纳税或者代扣代缴、代收代缴税款有关的文件、证明材料和有关资料。

④ 询问纳税人、扣缴义务人与纳税或者代扣代缴、代收代缴税款有关的问题和情况。

⑤ 到车站、码头、机场、邮政企业及其分支机构检查纳税人托运、邮寄应纳税的商品、货物或者其他财产的有关单据、凭证和有关资料。

⑥ 经县以上税务局(分局)局长批准，凭全国统一格式的检查存款账户许可证明，查询从事生产、经营的纳税人、扣缴义务人在银行或其他金融机构的存款账户。税务机关在调查税收违法案件时，经设区的市、自治州以上税务局(分局)局长批准，可以查询案件涉嫌人员的储蓄存款。税务机关查询所获得的资料，不得用于税收以外的用途。

⑦ 税务机关对从事生产、经营的纳税人以前纳税期的纳税情况依法进行税务检查时，发现纳税人有逃避纳税义务行为，并明显地转移、隐匿其纳税的商品、货物以及其他财产或者应纳税的收入迹象的，可以按照《税收征收管理法》规定的批准权限采取税收保全措施或者强制执行措施。此项规定是 2001 年《税收征收管理法》修订新增内容。赋予税务机关在税务检查中依法采取税收保全措施或强制执行措施的权力，有利于加强税收征管，提高税务检查的效力。

税务机关依法进行上述税务检查时，纳税人、扣缴义务人必须接受检查，如实反映情况，提供有关资料，不得拒绝、隐瞒；税务机关有权向有关单位和个人调查纳税人、扣缴义务人和其他当事人与纳税或者代扣代缴、代收代缴税款有关情况，有关部门和个人有义务向税务机关如实提供有关资料及证明材料。税务机关调查税务违法案件时，对与案件有关的情况和资料，可以进行记录、录音、录像、照相和复制。但是，税务人员在进行税务检查时，必须出示税务检查证，并有责任为被检查人保守秘密；未出示税务检查证和税务检查通知书的，纳税人、扣缴义务人及其他当事人有权拒绝检查。

税务检查的流程图如图 12-2 所示。

12.1.4 增值税申报

增值税是对销售货物或者提供加工、修理修配劳务以及进口货物的单位和个人就其实现的增值额征收的一个税种。

从计税原理上说，增值税是以商品(含应税劳务)在流转过程中产生的增值额作为计税依据而征收的一种流转税。实行价外税，也就是由消费者负担，有增值才征税，没增值不征税，但在实际中，商品新增价值或附加值在生产和流通过程中是很难准确计算的。因此，我国也采用国际上普遍采用的税款抵扣的办法，即根据销售商品或劳务的销售额，按

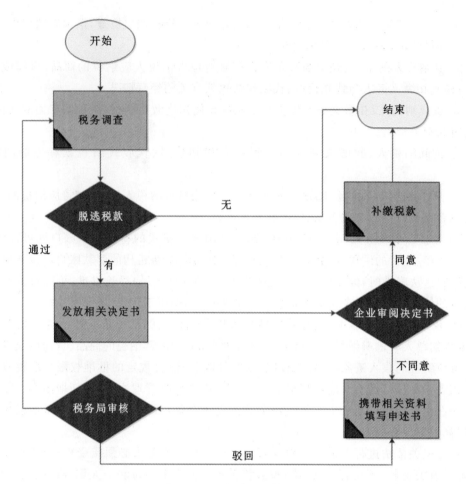

图 12-2 税务检查流程图

规定的税率计算出销项税额,然后扣除取得该商品或劳务时所支付的增值税款,也就是进项税额,其差额就是增值部分应交的税额,这种计算方法体现了按增值因素计税的原则。

首先由纳税人自行计算本单位的增值税,计算完成后,向税务局提交相关资料,并且填写增值税申报表,税务局对其进行审核,如果审核通过,则其增值税申报成功,生产企业填写完缴款书后,银行根据缴款书填写金额对其增值税金额进行扣除;如果审核不通过,则需要重新申报。

税务局办理增值税申报流程图如图 12-3 所示。

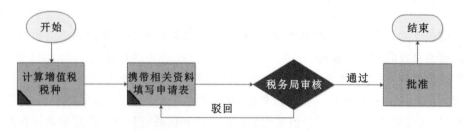

图 12-3 企业增值税申报流程图

12.1.5 企业所得税申报

纳税人是指所有实行独立经济核算的中华人民共和国境内的内资企业或其他组织，包括以下 6 类：国有企业；集体企业；私营企业；联营企业；股份制企业；有生产经营所得和其他所得的其他组织。

企业是指按国家规定注册、登记的企业。有生产经营所得和其他所得的其他组织，是指经国家有关部门批准，依法注册、登记的，有生产经营所得和其他所得的事业单位、社会团体等组织。独立经济核算是指同时具备在银行开设结算账户；独立建立账簿，编制财务会计报表；独立计算盈亏等条件。特别需要说明的是，个人独资企业、合伙企业不使用《企业所得税法》，对这两类企业征收个人所得税即可。

企业所得税的征税对象是纳税人取得的所得，包括销售货物所得、提供劳务所得、转让财产所得、股息红利所得、利息所得、租金所得、特许权使用费所得、接受捐赠所得和其他所得。

居民企业应当就其来源于中国境内、境外的所得缴纳企业所得税；非居民企业在中国境内设立机构、场所的，应当就其所设机构、场所取得的来源于中国境内的所得，以及发生在中国境外但与其所设机构、场所有实际联系的所得，缴纳企业所得税；非居民企业在中国境内未设立机构、场所的，或者虽设立机构、场所但取得的所得与其所设机构、场所没有实际联系的，应当就其来源于中国境内的所得缴纳企业所得税。

企业所得税是对我国内资企业和经营单位的生产经营所得和其他所得征收的一种税。纳税人范围比公司所得税大。

首先由纳税人自行计算本企业的企业所得税，计算完成后，向税务局提交相关资料，并且填写企业所得税申报表，税务局对其进行审核，如果审核通过，其企业所得税申报成功，企业在填写完缴款书后，根据缴款书中所填金额企业所得税进行消费税扣除；如果审核不通过，则企业需要重新申报。

企业所得税申报流程图如图 12-4 所示。

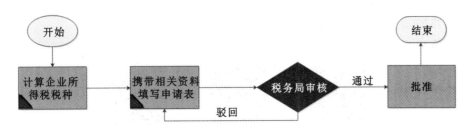

图 12-4　企业所得税申报流程图

12.2 实训任务

12.2.1 税务局部门团队构建与组织结构设计

【实训目的】

了解税务局的业务情况和工作流程以及组织结构设计的相关知识,了解税务局的工作职责和工作内容。

【任务类别】

现场任务。

【实训组织】

税务或者相关专业的指导教师1名。

学生可以按照4～6人进行分组。

【实训准备】

知识准备:掌握税务局的情况,同时对组织结构设计知识有一定的了解。

物品准备:笔、纸张。

设备设施:跨专业综合实训软件平台。

【实训内容】

① 根据跨专业综合实训软件平台涉及的税务业务,完成组织结构图(见附录18)。

② 根据业务清单进行岗位分工,完成岗位职责说明书(见附录13)。

③ 税务局负责人进行岗位人员分工,并完成人员分工明细表(见附录14)。

扫二维码,下载附录18。

扫二维码,下载附录13。

扫二维码,下载附录14。

附录18

附录13

附录14

12.2.2 制订税务局工作制度

【实训目的】
根据税务局的岗位职责制订相应的工作制度。
【任务类别】
现场任务。
【实训组织】
税务或相关专业教师1名。
学生可以按照4～6人进行分组。
【实训准备】
知识准备:了解各个企业工作制度制订的基本要求,同时结合实际情况,制订税务局工作制度。
物品准备:笔、纸张。
【实训内容】
根据模拟环境的实际情况,制订出合理的税务局工作制度。

12.2.3 税务登记

【实训目的】
了解税务登记的流程,掌握办理税务登记所需的材料和流程。
【实训类别】
流程岗位作业。
【实训组织】
税务或相关专业教师1名。
税务小组和企业小组。
【实训准备】
知识准备:了解税务局税务登记的相关知识。
物品准备:税务登记表、纳税人税种登记表。
设备设施:跨专业综合实训软件平台。
【实训内容】
① 税务局确认企业信息,如果信息正确,为企业发放纳税人识别号和密码。
② 税务局核对企业填写的税务登记表(见附录76)。如有问题,发回企业重新填写;如果没有问题,可通过此申请,然后把企业的详细信息维护到系统中。
③ 税务局核对纳税人税种登记,填写纳税人税种登记表(见附录3)。如所填信息无误,可通过申请;如果信息有误,将此登记表发回企业重新填写。
④ 税务局对企业发放税务登记正本及副本。

扫二维码,下载附录76。

扫二维码,下载附录3。

附录76

附录3

12.2.4　增值税申报

【实训目的】

使学生了解增值税申报的流程,要求学生通过实验掌握增值税申报所需的材料和业务流程。

【任务类别】

流程岗位作业。

【实训组织】

税务或相关专业教师1名。

税务局小组和核心的生产企业小组。

【实训准备】

知识准备:了解税务局办理增值税申报的相关知识。

物品准备:增值税纳税申报表、增值税纳税申报表附列资料(适用小规模纳税人)、资产负债表、利润表。

设备设施:跨专业综合实训软件平台。

【实训内容】

税务机关人员收到增值税纳税申报表(见附录77),税务人员需要对企业增值税进行核实,如正确,通过此申请;如有误,驳回其申请。

扫二维码,下载附录77。

附录77

12.2.5　企业所得税申报

【实训目的】

掌握企业所得税申报所需的材料和业务流程。

【实训类别】

流程岗位作业。

【实训组织】

税务或相关专业教师1名。

税务局小组和核心的生产企业小组。

【实训准备】

知识准备:了解税务局办理企业所得税申报的相关知识。

物品准备:企业所得税年度纳税申报表主表,以及其各个附表。

设备设施:跨专业综合实训软件平台。

【实训内容】

税务机关人员收到企业所得税申报表(见附录78),税务人员对企业所得税进行核实,如与填写相符,通过此申请;如有误,驳回其申请。

扫二维码,下载附录78。

附录78

12.2.6 税务局工作情况与总结

【实训目的】

学生通过实训对税务局的工作进行总结。

【任务类别】

现场任务。

【实训组织】

税务或相关专业教师1名。

税务局小组和核心的生产企业小组。

【实训准备】

知识准备:每次进行实训的实训报告。

设备设施:跨专业综合实训软件平台。

【实训内容】

① 总结税务局所有业务以及其流程。

② 根据业务总结,总结税务部门的职责和要求。

③ 对实习小组人员的表现情况进行总结。

第13章 新媒体中心

学习目标

1. 了解新媒体中心的工作职责和工作内容；
2. 了解新媒体中心的运营方式；
3. 掌握微信公众号运营内容和方法；
4. 掌握短视频制作方法。

重点、难点

微信公众号运营、短视频制作。

13.1 业务概述

13.1.1 新媒体中心的工作职责

1. 新媒体的定义和运营规则

中文"新媒体"一词是英文"new media"的直接翻译。新媒体是在技术层面利用数字技术、网络技术和移动通信技术，通过互联网、宽带局域网、无线通信网和卫星等渠道，以电视、电脑和手机等作为主要输出终端,向用户提供视频、音频、语音数据服务、连线游戏、远程教育等集成信息和娱乐服务。

广义的新媒体包括两大类:一类是基于技术进步引起的媒体形态的变革而出现的媒体;二是随着人们生活方式的转变,以前已经存在、现在才被应用于信息传播的载体。实际上,新媒体可以被视为新技术的产物,数字化、多媒体、网络等最新技术均是新媒体出现的必备条件。新媒体诞生以后,媒介传播的形态就发生了翻天覆地的变化,数字化的出现使大量的传统媒体加入新媒体的阵营,媒介形态也因新技术的诞生而呈现出多样化,网络电视、网络广播、电子阅读器等均将传统媒体的内容移植到了新的媒介平台上。

新媒体的运营规则要求既要有上层大局觉悟,也要有原则底线意识。作为意识形态工作前沿阵地,高校肩负着为实现中华民族伟大复兴的中国梦提供人才保障和智力支持的重要责任。当前,移动互联网成为大学生主要的信息来源地和思想集散地,深度重塑了他们的学习、生活、交往、思维方式。新媒体中心的内容要坚持以马克思主义为指导,全面贯彻党的教育方针,以理想信念教育为核心,以爱国主义教育为重点,以思想道德建设为基础,坚持不懈地培育和弘扬社会主义核心价值观。在追逐高阅读、高排名、高粉丝的过程中,不少新媒体人丧失了自己的原则。传统媒体该守的底线,新媒体一样也需要坚守。新媒体中心一定要遵守《微信公众平台运营规范》所要求的细则,准确把握发布内容的深度和内涵,要为创建风清气正的网络思想政治教育新阵地做好服务。

2. 新媒体中心的工作职责

新媒体中心最重要的工作就是制订合适的运营战略。

新媒体运营与维护遵循"统一方向、不同格式、独立负责"的原则。新媒体平台中内容的更新、发布工作实行专人专职,需要定时对所辖平台进行拟稿组稿、资料(音频、视频或者图片)编辑,并对所发布内容的真实性和可靠性负责。

新媒体中心负责对微信、微博、微视频平台等新媒体平台的开设及使用情况进行统一管理,需要严格控制管理账号和密码的知悉范围,未经许可,不可将新媒体平台管理账号和密码告知无关人员。新媒体平台的内容应严格遵守国家法律法规及有关规章制度,避免包含情绪化的的个人观点或看法,严禁发布没有根据的谣言或未经核实的传言。新媒体中心的电脑使用实行专人专用,未经使用人许可不可随意使用。未经许可任何人不得更换电脑软硬件,拒绝使用来历不明的软件和外接存储设备。

新媒体中心设有内容运营、信息渠道运营、推广运营等工作岗位,工作职责如下。

① 新媒体平台(公众号、微博、小程序等)的内容策划,包含材料收集、文字编辑及互动管理。

② 跟踪热点,结合课程开展实际情况,制订、完成策划内容。

③ 参与线上线下活动的专题策划、文案拟订、文字撰写以及活动实施工作。

④ 分析新媒体平台运营效果,整理有效数据,复盘推广数据,作出有效调整。

⑤ 分析网络人群搜索行为,完成关键词挖掘、细化,策划文案并发布。

⑥ 定时梳理汇报新媒体平台数据,研究用户思维,提出优化建议及执行计划。

13.1.2 新媒体中心的运营方式

新媒体运营是指借助现代化移动互联网手段,利用抖音、快手、微信、微博、贴吧等新兴媒体平台工具进行产品宣传、推广、产品营销的一系列运营手段,通过策划品牌相关的优质、高度传播性的内容以及线上活动,向客户广泛或者精准推送消息,提高参与度,提高知名度,从而充分利用粉丝经济达到相应营销目的。

1. 新媒体项目定位

在一个项目上线之前,可以从三个维度思考定位。一是用户定位,搞清楚目标用户是谁,目标用户的特征是什么,作用户画像;二是服务定位,也就是说产品提供什么样的服务,是否具有差异化;三是平台定位,结合用户定值与服务定位决定平台的基调(究竟是学术型、科普型还是恶搞型)。平台的基调将决定内容运营与用户运营的策略,规划的思考维度需要从目标用户、使用场景、需求、平台特性几个方面来考量。

2. 新媒体的运营和数据分析

① 内容运营。

内容运营指的是运营者利用新媒体渠道,用文字、图片或视频等形式将企业信息友好地呈现在用户面前,并激发用户参与、分享、传播的完整运营过程。一个新的媒体项目或者产品一定是有内容的,而内容的来源、挖掘、组织、通知的方式和质量会对内容运营的效果产生巨大的影响。内容运营包含内容的采集与创造、内容的呈现与管理、内容的扩散与传导、内容的效果与评估。不同阶段的内容运营策略也不尽相同。

常规的内容运营主要包括:内容初始化;构建产品的价值观;在持续运营中进行内容推荐,包括推荐新近发生的话题、热点内容和优质内容;进行内容整合,如对一个话题的优质问答的整合、对优质用户原创内容的整合。在运营过程中,还要注意推送渠道的选择,优先考虑渠道是否覆盖推送对象,推送内容需要直截了当。在公共平台上进行的内容运营要注意平台定位,需要根据运营的特点、受众、调性来定义公共平台所要进行运营的内容特点、受众和调性。另外,快速测试和培养用户习惯也很重要。快速测试主要是获取用户对内容的喜欢程度、兴趣程度等信息反馈;在固定时间发布内容让用户养成习惯,也是应该长期坚持的内容运营方针。

② 用户运营。

所谓用户运营,就是"拉人"。虽然用户会自然增长,但是真正有价值的用户仍需要定向"引入"。引人这件事在产品运营中随处可见。比如知乎各领域的牛人、滴滴打车的司机、百度百科的权威编辑者、Keep 的健身达人、微博大 V 等。引入用户是用户运营的重要基本功。常规的用户运营包括明确引入用户的类型、找到目标用户的聚集区、设计"拉新"的方式和保证"拉新"后的留存等内容。其中,可以根据产品定位以及产品所处阶段来确定引入用户的类型。比如,企业经营创新创业实训课程是实践性很强的课程,那么就应该引入有创业经验或已经创业成功的人士。当然,对于"创业成功"或者"创业经验",也需要有明确的定义,即满足某类具体条件的人群。有了这个定义,就明确了引入用户的类型。寻找同类用户最高效的办法是找到一两个聚集区,列出目标用户名单,便于后续用同一种方式、在同一个平台引人。找到用户聚集区之后,就要设计具有可行性的方案来赢得这些用户,比如需要给用户一个"进入的理由"。实训课程给学生带来的价值,除了获取学分之外,还包括能使学生得到和所学专业联系紧密的实际操作训练等。这些价值都是真实存在的,如果无法描述清楚平台的价值,引人就会变得很困难。

③ 活动运营。

活动运营是一种目标导向的行为,达成不同的目标就要做针对性不同的活动。活动运营一般包含活动策划、活动实施以及嫁接相关产业打造产业链。常规的活动运营包括做好活动前期的产品市场调研、整理活动的渲染点、制订活动可行性建设方案、明确活动设计需求、进行活动报告分析总结等内容。

④ 新媒体运营的数据分析。

数据支撑和反馈,能为新媒体运营下一步怎么做起到指导作用。比如,如果阅读量偏低,那可能这篇文章是有问题的,那么到底是有内容问题还是有其他问题呢?通过数据可以看到评论数量,看看观众是否能产生情感共鸣;还可以通过点赞情况,看观众对内容的认可度。新媒体数据主要是微信数据、微博数据、网站数据等。数据分为用户数据和内容数据。用户数据是指关注人数,而内容数据指阅读量、点赞数据等。运用数据也可以分析场景中的渠道和内容。在运营的初期,可以先拿少量数据测试渠道,将同一个内容放在不同的渠道,看哪个渠道转换率高。做好了测试就能找到转换率高的渠道和内容。用这种方式找到了好渠道,就可以把内容做好,获取更多更有用的流量。另外,内容也很重要,需要优化选题质量、标题质量和传播质量。数据分析要发挥真正作用,就要找到问题,找到解决方法,并用数据去证明,让数据实现推动新媒体的发展。

13.1.3 微信公众号运营

1. 微信运营的概念和内容

微信运营是指负责微信的运营,包括个人微信和微信公众平台的建立,然后通过微信跟用户达到沟通的运营过程。前期通过人群定位,实现自媒体大数据,是信息时代所产生的产物。微信运营主要体现为运营者以采用安卓系统、苹果系统的手机或者平板电脑中的移动客户端进行的日常运营推广,通过微信和微信公众平台进行针对性运营。

微信运营具有随意性、移动性、便捷性等特点。微信运营人员需要具备较强的移动互联网意识,只需要一部智能手机即可完成日常的基本运营,可以通过微信客户端跟用户进行互动，解决用户的问题，达到维护的目的。微信运营具体需要完成以下内容。

① 独立运营微信公众号。关于微信公众号的日常运营都需要完成，比如日常会涉及哪些模块、与粉丝的互动、粉丝画像的绘制、回复粉丝的信息、分析过去发布文章的数据、整理产品的转换率、定期发布文章等。

② 微信公众号的推广。微信公众号的推广是为了让更多人知道这个微信公众号的存在。微信公众号推广可以从打造好内容和拓展推广渠道两方面进行。好的内容是公众号的基础和核心，现在是内容为王的时代，公众号的文章内容是推广的基础和核心。好的内容才能引起人们阅读，好的内容才可以引发人们的共鸣，进而引起关注，产生羁绊，所以说好的内容的作用效果十分显著，它往往对公众号的存亡起着关键作用。因此，在进行内容创作时，首先要找好受众定位，再根据受众需求做内容。推广一般分为平台内推广和平台外推广。平台内推广这种方式主要基于微信平台的 SEO（search engine optimization，搜索引擎优化）来进行，在创作内容时需要优化关键词，使得文章被检索的概率更大。还可以运用微信朋友圈和微信群来进行宣传推广。平台外推广主要是利用一切可以利用的自媒体平台，如微博、论坛等，在发布内容时，加上自己公众号的信息，达到引流效果。

2. 微信公众号文章标题是不可忽视的点睛之笔

对于微信公众号文章来说，标题相当于敲门砖——敲开阅读者心房的砖。得标题者，得阅读量。在微信公众平台中，衡量一个标题好坏的指标有两个：打开率和传播率。打开率就是一个人在看到这个标题后，会不会被吸引去点击。传播率就是一个人在看完文章后，愿不愿意去分享这篇文章。当然，影响传播率的还有文章质量，但标题也有很大的相关性。至于打开率，则几乎完全取决于标题。在打开率面前，有三座大山，分别是碎片化、折叠化和同质化。碎片化是指人们看文章的时间非常碎片化，可能是在地铁上、在公交站、上厕所、等电梯的时候，将文章一扫而过，显得焦躁而又缺乏耐心；折叠化是指所有的订阅号都被折叠订阅号栏目内，一个公众号推送后标题会显示在订阅号的会话列表，在读者的手机上只有几分钟甚至几十秒的生存时间，随后就被后来者盖过去；同质化是指同样的领域和同类的热点，可编辑资源有限，即使是精心构思的标题也容易变得千篇一律。标题也属于微信公众号发文的一部分，能拟出好的标题不是哗众取宠，而是一种能力的体现。用户看一条发文信息时首先看到的就是标题，如果标题没有吸引力，用户基本不会点击进去看内容。一个标题至少需要具备便于用户辨识、信息前置、便于用户产生共鸣、有深挖有创新这4个特征才能起到吸引读者注意力、激发读者好奇心的作用。

微信公众号文章标题一般分为以下几种形式。

① 直言式。所谓直言，就是直接告诉读者想要表达的东西，标题开宗明义，点明文章主题，不玩文字游戏、隐喻或双关语，直接把事情核心讲清楚。

② 懂用户式。所谓懂用户，就是想用户所想。作为一个微信公众号运营者，要知道你的用户喜欢什么样的标题。如果是情感类微信公众号，标题里有初恋、女性、婚姻类似的关键词，标题的打开率一般不会低，你的受众就是喜欢看这类文章的人。如果是媒体、

创投类微信公众号,标题里有创业、融资、BAT、估值、趋势类似的关键词,关注这一类微信公众号的受众就会非常关注圈子内的最新动态,他们渴望获得第一手消息。如果是电商类微信公众号,标题里有满减、促销、折扣这样的关键词,用户会即刻点进去,对他们而言,没有什么比降价或者折扣更重要了。总之,每个微信公众号都应该有自己的关键词库,知道标题里出现什么样的关键词,用户点开的概率会增大。否则,哪怕标题起得再出神入化,受众看不懂、不买账、不喜欢,一样不会有好的效果。

③ 数字聚焦式。所谓数字聚焦,就是灵活运用具体数据。数字的辨别力很高,而且很容易给人以信息翔实权威之感,也满足了很多用户"自我提升"的需求。互联网信息烦冗,用户需要迅速查找"干货",让自己快捷地接收到信息,善用数字能够激发人们打开文章获取信息的欲望。有的时候,微信公众号文章标题中带有一些数字,包括阿拉伯数字和时间数字,能起到强调的效果。

④ 善于对比式。所谓对比,就是有反差,即前后形成强烈反差,有比较。包含这种因素的标题往往可以给用户一种冲击感。

⑤ 八卦猎奇式。所谓猎奇,就是制造悬念,好奇乃人的天性,恰当地抓住潜在用户的好奇心,编辑出的标题吊人胃口,就是一个优秀的标题。标题里说一半的话,剩下的留给文章,这样善于在标题中制造悬念,也是提高文章点击率的不二法宝。

⑥ 话题结合式。最常见的就是蹭热点+名人效应。总会有一些话题的阅读量一直在线。例如薪资、微信等都经常是热门话题,还有一些是微博热点或者实时热榜等的话题结合。为微信公众号文章标题命名的时候关联权威人士,标题内容是质疑或者认可的态度都可以,但要注意话题效果要和权威人士或者是名人本身的特征相关。标题里出现一些用户耳熟能详的事件、品牌和知名人物,往往会增强文章本身的可信度。用户信任你了,自然就会想打开文章。

⑦ 讲一个故事式。故事形式可以让读者感同身受。人人都爱故事,好的故事会使用户耐心倾听,唤起用户的某种情感,进而引发传播。

3. 微信公众号运营方案的制订尤为重要

一个完整的微信公众号运营方案包括微信公众号的基础设置、微信公众号自定义菜单设置、微信公众号的运营思路和微信公众号运营的工作计划方案。

① 微信公众号的基础设置要科学合理。

微信公众号需要选取和设置一个朗朗上口的账号 ID 和一句话描述。公众号需要每天推送新媒体"干货",必须构思好每篇推送内容图文的引导头图、底部介绍图和订阅号引导关注、文章底部账号介绍以及新媒体课堂客服 ID 与 QQ 群等信息公布。具体包括:第一,正文推送内容要包括头图固定每天的新媒体播报和头二、头三的相关系列主题内容。第二,一定要固定图文的推送时间(培养用户阅读习惯),固定图文摘要图和图文排版模板要保持一致性(颜色视觉统一,塑造公众号视觉性格)。第三,灵活运用"关键字自动回复"功能(增加后台粉丝互动的黏性),提供相关主题"干货"资料(思维导图源文件、行业报告、PPT 模板、系列视频教程等)。还可以选取活跃用户送书、送礼品等,适时导流部分活跃

用户进入微信群或者 QQ 群。第四,用好点击"阅读原文"。可以通过关键字词等引导大家贡献"干货",比如有价值的提问等。还可以和校园有影响的新媒体人进行公开互动(可以引导其他粉丝关注微信等新媒体账号)。第五,进行专题内容整理(定期推出专题类内容,紧跟热点,贴合自身公众号特点)。第六,拓宽稿件内容来源。比如,可以在全网进行"干货"素材收集,再进行二次编辑。也可以开放投稿,邀请特定新媒体人进行内容投稿。

② 微信公众号自定义菜单设置要物尽其用。

微信公众号的菜单一般分为左菜单、中菜单和右菜单。左菜单别称新媒体神器,一般分为 5 个子菜单,每个子菜单可以插入 8 条图文,可以分门别类罗列出新媒体必需的工具,如排版、图库、原型、表单、思维导图、排行榜、关注生成器、H5 工具等。中菜单一般作为品牌栏目,可以分为实训课程内容播报(链接历史新媒体播报页面)、实训课程新媒体视频,新媒体社区(配合 QQ 群、QQ 公众号、兴趣号、微信群、微博等矩阵圈人)。右菜单多数是公众号介绍,也就是"关于我们",包括实训课堂介绍(可以参照百科介绍,放入实训课程相关的所有渠道入口链接,微博、QQ 公众号、QQ 群等),以及投稿渠道(接收新媒体人优质内容的投稿,不管是信息长图、行业报告、图文还是视频等,优质内容全渠道发布)。

③ 微信公众号的运营思路要时刻规划。

微信公众号的运营主要从用户运营、活动运营两个方面进行。第一,用户运营,包括微信、QQ 群等。也可以邀请校园或者行业相关自媒体人多群直播分享,提前收集问题,发布到各个对外渠道。第二,活动运营。可以进行互推,比如账号之间、群内好友朋友圈等统一进行文案推荐。也可以联合其他校园或行业相关新媒体服务机构,一起举办线下活动。还可以尝试联系行业内媒体大号进行软文植入推广,吸引 KOL 关注,与其保持良好关系和时不时的互动,从而实现导流。

④ 微信公众号运营的工作计划方案要总结更新。

第一,重要工具及平台的注册和完善,包括官方微博的认证、自媒体平台的注册等。工具注册包括 QQ 群、微信客服小二号(朋友圈)、微信群等。第二,拓展商务合作。寻找校园圈内或者行业圈的合作,引导关键人与我们进行合作。第三,矩阵玩法。发动多个铁杆用户在统一时间发微信朋友圈进行推荐,圈活跃用户到微信群和 QQ 群。

13.1.4 视频制作

视频是新媒体运营不可缺失的一部分,视频质量的好坏直接关系着新媒体运营的成败。接下来将对视频后期制作流程及相关软件做简单介绍。

1. 视频制作流程

① 确定主题。

自视频出现以来,内容选择开始向垂直化、专业化方向发展。无论是制作短片还是写文章,首先需要确定一个主题。换句话说,制作者需要了解这段短片将向谁展示、什么样的人群会喜欢它。只有明确定位和主题,然后进行有针对性的策划和制作,才能保证短片制作的每个环节都能高效完成。当开始拍摄时,制作者可以结合自己想要拍摄的内容,思考如何展示和表达它。有时候,当思路匮乏时,可以观察周围的日常生活,或者参考国内外的优秀案例,看看可以挖掘哪些要点。制作者想拍什么就拍什么,这样的内容没有主题,平台不会推荐,用户也不会喜欢。

② 编辑文案。

编写文案需要创造力。撰写文章应该是有针对性的。所谓的目标定位,是指知道你的作品是为谁准备的。只有突出主题,读者才能理解文案想要表达什么。写文案意味着提前写下视频内容,提前写好台词,这样可以避免拍摄过程中忘记台词和遗漏的尴尬。把文案转变成视频形式表达的方式。例如,哪一部分需要出镜解释?哪件实物需要拍照?有文案后拍摄可以大大提高工作效率。

③ 拍摄视频。

视频拍摄的早期阶段包括一些摄影设备的配置、摄影表达方式和场景的选择、看台的放置和切换、照明位置的布置以及无线电系统的配置。手机便于携带和拍摄。目前,手机支持4K,并且有自己的防振系统,还可以使用云台等设备保持平稳,所以画面不会有太大的抖动(这很重要,没有人爱观看抖动的视频)。有了手机三脚架和稳定器,拍摄者可以自拍、美颜、延迟摄影等,追求视频效果可以使用单反相机。用手机拍摄时,拍摄者应该选择高清模式。手握住它时会有抖动,这时就需要使用三脚架来稳定镜头,这样观看体验会更好。随着大多数观众能够保持的注意力长度减少,所有媒体都在争夺用户在网上的时间,所以视频越短越简洁越好。这在大多数情况下都适用,但有时在视频中添加一个短的"喘息时间"可以使视频更容易观看,这可以让观众愿意在视频中停留更长的时间。

④ 剪辑视频。

视频拍摄后获得第一手素材后,进入剪辑环境。最常见的剪辑工作是剪切无用的部分,并将不同的剪辑拼接成完整的视频。常用的编辑软件有一些简单的功能,如爱剪辑或短视频平台内置的剪辑功能。如果用电脑操作,新手可以使用爱剪辑或相对专业的软件,比如 Adobe Premiere(PR)软件进行编辑。对于手机剪辑,可以使用快剪辑、剪映、快剪等。当然,也可以在 Android 系统中使用巧影,在 iOS 系统中使用 Videoleap 来进行剪辑。

⑤ 添加字幕。

可以使用 App 为手机视频添加字幕,也可以使用 Arctime 等功能强大、简单高效的专业跨平台字幕软件在电脑端添加字幕。

2. 视频拍摄技巧

当下用手机摄影也成为一种常态,事实上用手机拍摄视频很简单,但是想用手机拍出高质量的视频,以下这些技巧要仔细研究。

① 横幅拍摄。

如果希望视频在被观看时可以充满屏幕,那么请进行手机横屏拍摄。竖幅拍摄视频看似没有任何问题，因为手机本来就是一个竖幅屏幕，但当在其他地方或者其他屏幕播放此视频时，则屏幕两边有黑边占用空间，影响观影体验。如果已有的素材与最终的视频比例不符，也记得在后期对视频进行裁剪、调整比例与背景颜色等设置，让视频整体感观更好。

② 拍摄时保持平稳。

智能手机体积相对较小，重量也很轻，但也可以保持惊人的稳定性。在缺乏三脚架的时候，可以有技巧地把手的肘部靠在身体上，以身体形成三脚架，以此获得一定的稳定性。如果需要在影片里展现一些运动镜头，而拍摄者的手却不适宜动时，可以以脚为基础，整个上身跟随着手机一起运动，这样画面也是保持着平稳的运动。

③ 使用经典构图。

在深刻的镜头中，可以通过使用构图规则，去引导观众的视线。就如同摄影一样，在拍摄视频中，三分法则也是常见且重要的，使用三分法则是一个成功的开始。在设置中可以打开网格模式，尽管摄像模式无法打开网格，但可以通过拍照模式的网格去观察，在框架中线条相交的点是放置对焦点或拍摄主题的好位置。在摄像中，一定要记住物色好合适的位置。

④ 善于利用光线。

光线是一种很神奇的东西，在拍摄视频中可以是扰乱画面效果的"敌人"，也可以给作品锦上添花。因此，拍摄者需要知道如何去利用现有的光线，并且知道如何利用才能对拍摄作品更有利。光线是为作品而服务的。在室外时，尽量去尝试找一个阳光照射均匀的位置。假若镜头某些部分看起来太亮或太暗，尝试改变拍摄位置或重新找一个角度。

⑤ 混合所拍视频。

在视频里，由许多短片段剪辑组成的视频往往能提供更高的观看趣味，拍摄者可以从多角度去拍摄同一个场景，特写、中景、全景皆可，或通过重复拍摄同一个运动状态，从多方面展现。无论拍摄主题是什么，拍摄者都需要去思考可以用怎样的镜头去丰富主画面和故事。

⑥ 手动设定曝光与对焦。

用手机拍摄视频，最重要的是自动曝光锁定功能，这样可以让手机在拍摄中不会频繁改变曝光和对焦点。尤其是在带窗的室内场景时，这种情况经常会发生。在使用手机进行拍摄时，可以通过按下屏幕某个区域激活自动对焦或自动对焦锁定功能。

⑦ 录制良好的音频。

不好的音频可以毁掉一个视频。特别是使用手机拍摄的时候，手机只适合在相当安静的环境下去记录画外音。如果是想拍摄某个人说话，尽可能地靠近声源，以避免环境噪音的影响。

⑧ 升级使用配件。

拍摄的时候如果需要获取静态的镜头，可以选择使用手机三脚架或者稳定器。如果手机收录的音频不符合视频展现的效果要求，那么可以根据自身情况配备收音设备。

⑨ 拍摄主体的选择。

所谓主体,就是指视频所要表现的主题对象,是反映视频内容与主题的主要载体,也是视频画面的重心或中心。拍摄者想要展现的中心思想要通过视频拍摄的主体来表达,这就要求视频画面的主体必须被准确展现,只有将其放置在视频画面中的突出位置,才能被观众一眼看到,起到表达主题的作用。可以更好地展现出视频拍摄主体的方法主要有两种:第一种是直接展现视频拍摄主体,直接将想要展现的拍摄主体放在视频画面最突出的位置;第二种是间接展现视频拍摄主体,通过渲染其他事物来表现视频拍摄主体,主体不一定要占据视频画面中很大的面积,但也要突出,占据画面中关键的位置。

⑩ 拍摄时间的选择。

对于视频拍摄来说,拍摄时机也很重要。一方面,世间万物都有其自身的时节,一旦错过了,就不得不等到下一次。比如夏天的荷花是最美的,清晨或者傍晚的露珠是最灵动的。在进行视频拍摄的时候,要注意抓住时机。同时,对于同一个视频拍摄主体来说,在不同时间点拍摄的视频画面所呈现出来的效果也是完全不同的。

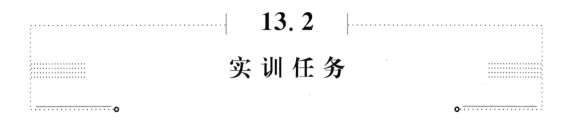

13.2 实训任务

13.2.1 建立新媒体中心组织架构和确定工作原则

【实训目的】

了解新媒体中心的业务情况、工作流程和工作职责,根据企业经营创新创业实训课程环境设计出合理的组织结构图;了解新媒体运营的基本原则,并由此确实新媒体中心的工作原则。

【任务类别】

现场任务。

【实训组织】

新媒体相关专业的指导教师1名。

学生可以按照4~6人进行分组。

【实训准备】

知识准备:掌握新媒体运营的相关知识,同时对组织结构设计知识有一定的了解。

物品准备:笔、纸张。

设备设施:跨专业综合实训软件平台。

【实训内容】

① 根据新媒体运营的基本情况,完成新媒体中心的组织结构图(见附录18)。

② 根据新媒体运营的基本原则,确定新媒体中心的工作原则。

③ 根据新媒体运营的主要任务进行人员分工,完成岗位职责说明书(见附录13)。

扫二维码,下载附录18。

扫二维码,下载附录13。

附录18　　　　附录13

13.2.2　确定新媒体中心工作计划

【实训目的】

了解企业经营创新创业实训课程的全面情况,根据课程开展实际情况,制订新媒体运营工作计划。

【任务类别】

现场任务。

【实训组织】

新媒体相关专业教师1名。

学生可以按照4～6人进行分组。

【实训准备】

知识准备:了解新新媒体运营工作计划的框架和内容。

物品准备:笔、纸张。

【实训内容】

根据企业经营创新创业实训课程开展情况,制订合适的新媒体运营工作计划。

13.2.3　进行微信公众号运营

【实训目的】

了解微信公众号的运营方法,知晓微信公众号发文主题和发文标题的重要性,学会根据企业经营创新创业实训课程情况策划合适的发文主题和标题。

【任务类别】

现场任务。

【实训组织】

新媒体相关专业教师1名。

学生可以按照4～6人进行分组。

【实训准备】
知识准备:微信公众号运营的内容和方法。
物品准备:纸、笔、文字编辑软件、微信平台。
设备设施:跨专业综合实训软件平台。
【实训内容】
根据企业经营创新创业实训课程情况,策划微信公众号发文主题和标题,做好微信公众号的运营。

13.2.4 拍摄和制作视频

【实训目的】
了解视频拍摄流程和视频剪辑制作的方法技巧。
【任务类别】
现场任务。
【实训组织】
新媒体相关专业教师1名。
学生可以按照4～6人进行分组。
【实训准备】
知识准备:了解视频拍摄流程的步骤和视频剪辑制作的方法技巧。
物品准备:视频拍摄工具、视频剪辑软件、计算机。
设备设施:跨专业综合实训软件平台。
【实训内容】
根据企业经营创新创业实训课程开展情况,进行视频的拍摄和制作。

[1] 崔艳辉.经管类跨专业综合实训教程[M].北京:中国金融出版社,2013.
[2] 邓文博,姜庆,曾苑,等.企业运营综合实战——经管类跨专业仿真实训教程[M].北京:清华大学出版社,2016.
[3] 张战勇,李晶,石英剑.虚拟商业社会(VBSE)跨专业综合实训教程[M].北京:经济管理出版社,2018.
[4] 樊颖,史建军.虚拟商业社会环境 VBSE 跨专业综合实训教程[M].北京:清华大学出版社,2017.
[5] 张志强.跨专业综合实训——VBSE 实践教程[M].北京:电子工业出版社,2017.
[6] 贺雪荣.跨专业企业经营仿真实验教程[M].大连:东北财经大学出版社,2019.
[7] 苗雨君.VBSE 跨专业综合实训教程[M].哈尔滨:哈尔滨工程大学出版社,2019.
[8] 李爱红,杨松柏.VBSE 跨专业综合实训教程:基于新道 V 综 3.X 平台[M].北京:机械工业出版社,2019.
[9] 张涛.企业资源计划(ERP)原理与实践[M].2 版.北京:机械工业出版社,2015.
[10] 赵兴,赵静,张晓翊,等.大学生创业模拟实训教程[M].北京:高等教育出版社,2016.
[11] 李作学,孙宗虎.人力资源管理流程设计与服务工作标准:流程设计·执行程序·工作标准·考核指标·执行规范[M].北京:人民邮电出版社,2020.
[12] 孙宗虎.客户服务全过程管理流程设计与工作标准:流程设计·执行程序·工作标准·考核指标·执行规范[M].北京:人民邮电出版社,2020.
[13] 孙宗虎.全过程质量管理流程设计与工作标准:流程设计·执行程序·工作标准·考核指标·执行规范[M].北京:人民邮电出版社,2020.
[14] 孙宗虎.研发过程管理流程设计与工作标准:流程设计·执行程序·工作标准·考核指标·执行规范[M].北京:人民邮电出版社,2020.
[15] 孙宗虎.产品管理流程设计与工作标准:流程设计·执行程序·工作标准·考核指标·执行规范[M].北京:人民邮电出版社,2020.
[16] 王永东,孙宗虎.企业运营管理流程设计与工作标准:流程设计·执行程序·工作标准·考核指标·执行规范[M].北京:人民邮电出版社,2021.

[17]安贺新.销售管理实务[M].北京:清华大学出版社,2009.

[18]谢宗云.销售业务与管理实训教程[M].成都:电子科技大学出版社,2007.

[19]于洁.销售管理——理论与实训[M].2版.上海:复旦大学出版社,2017.

[20]刘金星.管理会计实训:业务与案例[M].北京:中国人民大学出版社,2015.

[21]胡立新.会计业务模拟实训教程[M].北京:经济科学出版社,2016.

[22]中国注册会计师协会.财务报表审计工作底稿编制指南[M].北京:经济科学出版社,2012.

[23]中国注册会计师协会.审计[M].北京:中国财政经济出版社,2023.

[24]刘小俊.采购管理实训[M].武汉:武汉大学出版社,2016.

[25]何婵.采购管理[M].南京:南京大学出版社,2017.

[26]柳荣.采购与供应链管理:采购成本控制和供应商管理实践[M].北京:人民邮电出版社,2018.

[27]王桂花.现代物流管理实训[M].北京:中国人民大学出版社,2014.

[28]《现代物流管理概论》编写组.现代物流管理概论[M].北京:化学工业出版社,2021.

[29]董宏达.生产企业物流[M].3版.北京:清华大学出版社,2021.

[30]周野.一本书读懂物流管理[M].北京:中国华侨出版社,2021.

[31]林强.制造企业与物流企业联动中契约协调机制研究[M].北京:科学出版社,2013.

[32]张余华.现代物流管理[M].北京:清华大学出版社,2010.

[33]翁心刚.第三方物流实务——信息系统与业务实训[M].北京:中国物资出版社,2009.

[34]施学良,胡歆.第三方物流综合运营[M].3版.北京:北京大学出版社,2021.

[35]赵钧铎.第三方物流运作实务[M].2版.北京:机械工业出版社,2020.

[36]卢奇,张光.第三方物流仿真与实践[M].北京:经济科学出版社,2007.

[37]廖素娟.第三方物流服务管理[M].北京:中国铁道出版社,2009.

[38]尹章池,等.新媒体概论[M].北京:北京大学出版社,2017.

[40]杨乾坤.高校新媒体运营与创新[M].合肥:中国科学技术大学出版社,2021.

[41]洪杰文,归伟夏.新媒体技术[M].重庆:西南师范大学出版社,2016.

[42]李明海,王力,王泽钰.网络视频拍摄与制作[M].重庆:西南师范大学出版社,2016.

与本书配套的二维码资源使用说明

  本书部分课程及与纸质教材配套数字资源以二维码链接的形式呈现。利用手机微信扫码成功后提示微信登录，授权后进入注册页面，填写注册信息。按照提示输入手机号码，点击获取手机验证码，稍等片刻，会收到4位数的验证码短信，在提示位置输入验证码成功，再设置密码，选择相应专业，点击"立即注册"，注册成功（若手机已经注册，则在"注册"页面底部选择"已有账号立即注册"，进入"账号绑定"页面，直接输入手机号和密码登录），即可查看二维码数字资源。手机第一次登录查看资源成功以后，再次使用二维码资源时，只需在微信端扫码即可登录进入查看。